KB058128

고소사건 불송치 결정 이의신청 재수사요청 실무지침서

불송치결정
이의신청서
재수사요청

편저 : 대한법률콘텐츠연구회

(콘텐츠 제공)

해설 · 최신서식

법문북스

머 리 말

전혀 생각하지도 못한 범죄의 피해자가 경찰에 범죄를 신고(고소)하고 수사한 결과 범죄 피의자에 대한 범죄혐의 인정되지 않는다고 수사를 담당한 사법경찰관이 혐의 없음 등의 이유로 불송치 결정을 한다는 통지서를 받는 고소인 등은 형사소송법의 개정으로 어떻게 대처해야 할지 궁금하실 수 있습니다.

수사권조정에 의하여 이제는 경찰이 1차적 수사권(수사한 결과 범죄혐의 인정된다고 판단하면 기소의견으로 검찰에 송치), 수사종결권(수사한 결과 범죄혐의 인정되지 않는다고 판단하면 불송치)을 가지는 사법경찰관은 기존의 검사처럼 형사처분을 뜻하는 '결정' 을 하게 되었습니다.

경찰에서 할 수 있는 위 두 결정이 바로 기소의견으로 검찰에 송치하는 '검찰송치' 와 범죄혐의 없음 등의 이유로 불송치 결정을 하는 '불송치' 입니다.

말 그대로 수사권조정으로 송치 여부에선 경찰이 최종 결정권자입니다.

따라서 검사가 사법경찰관에게 할 수 있는 보완수사 '요구' 와 재수사 '요청' 이라는 뜻은 청하는 쪽에 권한이나 권리가 있으면 '요구' 입니다.

권한이나 권리가 없으면 '요청' 이라고 합니다.

사법경찰관이 수사한 결과 피의자에 대한 범죄혐의 인정된다고 기소의견으로 검찰에 송치한 사건을 검사가 공소유지 및 영장발부를 위하여 추가 수사가 필요하다고 판단하는 경우 공소의 유지나 영장청구의 권한은 검사에게 있으므로 사법경찰관에게 검사가 보완수사를 '요구' 하는 것입니다.

사법경찰관이 수사한 결과 피의자에 대하여 범죄혐의 인정되지 않는다고 기소의견으로 검찰에 송치하지 아니하고 피의자에 대한 불송치 결정을 한 것이 위법 또는 부당한 때에 수사에 권한은 사법경찰관에게 있으므로 검사가 재수사를 '요청' 하는 것입니다.

보완수사요구 결정은 사법경찰관이 고소사건을 수사한 결과 피의자에 대하여 범죄혐의 인정되는 경우 기소의견으로 검찰에 송치한 사건을 배당받은 검사가 당해 사건에 대하여 기소를 위한 수사에 미진한 부분이 있다고 사법경찰관에게 해당 부분을 보완해 달라고 검사가 요구하는 것입니다.

이는 사법경찰관이 기소의견으로 검찰에 송치한 사건을 검토한 검사가 고소인과 피의자의 주장이 서로 사실과 달라 당사자들 주장의 진위 여부를 파악하기 위하여 고소인과 피의자 또는 참고인을 상대로 하여 대질신문을 해달라는 취지로 사법경찰관에게 검사가 보완수사를 요구할 수 있습니다.

따라서 경찰이 검사에게 피의자의 계좌에 대한 압수수색 영장을 신청하였는데 담당 검사가 '피의자로부터 계좌정보 제공 동의를 받아 계좌내역의 확보를 시도한 뒤, 그것이 되지 않는다면 영장을 재신청하라는 취지로 보완수사를 요구할 수 있는 것입니다.

사법경찰관이 수사한 결과 피의자에 대한 범죄혐의 인정되지 않는다고 불송치 결정을 한 것이 위법 또는 부당하다는 판단으로 검사가 재수사 요청을 하여 사법경찰관이 재수사 한 결과 피의자에 대하여 범죄혐의 인정된다고 판단하면 기소의견으로 검찰에 송치하면 되고 이번에도 종전과 같이 재수사 한 결과 피의자에 대한 범죄혐의 인정되지 않는다고 불송치 결정을 하는 때는 검사에게 '재수사 결과서' 를 보내면 됩니다.

재수사한 결과 불송치 결정을 할 때는 사법경찰관은 7일 이내에 서면으로 고소인 등에게 재수사 결과 기소의견으로 검찰에 송치하지 않는다는 취지와 그 이유에 대하여 통지하여야 하고 통지를 받은 고소인 등은 이의신청을 할 수 있고 이의신청을 받은 사법경찰관은 지체 없이 재수사 한 사건을 고스란히 검사에게 송부하여야 합니다.

검사가 사법경찰관이 수사한 결과 피의자에 대하여 범죄혐의 인정되지 않는다는 이유로 불송치 결정을 한 것이 위법 또는 부당한 때는 검사는 사법경찰관에게 위법이나 부당의 이유를 명시하여 재수사를 요청하여야 하므로 고소인 등은 검사가 사법경찰관에게 추가 수사를 하게 하거나 재수사를 요청하여 공소를 제기할 수 있도록 이의신청이유를 기재하여 제출하여야 합니다.

이처럼 불송치 결정에 대하여 고소인 등이 재수사를 요구하고자 할 때는 검사가 고소인 등이 제출한 이의신청서만 읽고도 사법경찰관이 불송치 결정이유로 삼은 법적근거가 왜 잘못됐다는 것임을 재수사가 필요하다는 것인지 확인하고 즉석에서 조사할 수 있도록 이의신청서를 작성하여야 합니다.

　우리 법문북스에서는 고소한 사건이 범죄혐의 인정되지 않는다는 판단으로 불송치 결정을 인정할 수 없어 재수사를 요청하는 법적대응은 물론이고 혼자서도 이의신청서를 작성하여 해결할 수 있도록 하기 위하여 실제 있었던 사례를 자세히 분석하고 이에 맞게 이의신청서를 직접 작성하는 방법과 처리절차를 자세히 수록한 실무 지침서를 권장해 드립니다.

- 편저자 -

차   례

불 송치 결정
이의신청서 재수사 요청

제1장 수사와 기소, 공소

1. 수사

수사는 공소제기 여부의 결정과 제기된 공소의 유지를 위한 준비로서 범죄사실을 조사하고 범인을 발견·확보하고 증거를 수집·보전하는 수사기관의 활동입니다.

수사는 대부분 형사재판이 제기되기 전에 이뤄집니다. 수사의 권한은 형사소송법이 정한대로 검사와 사법경찰이 담당합니다.

2. 기소

기소는 검사가 형사사건에 대해 법원의 심판을 구하는 행위입니다. 검사만이 기소 권을 행사할 수 있습니다. 검사는 피해자와 사회질서의 유지라는 공익의 대표자로서 기소 권을 갖습니다.

3. 공소

검사가 법원에 대해 특정한 형사사건의 심판을 구하는 의사표시를 공소라고 합니다. 검사가 수사한 결과 범죄의 객관적 혐의가 인정되고 처벌을 할 필요가 있다고 판단하면 공소를 제기하게 되는데 통상'기소'라 약칭하기도 합니다.

공소의 제기는 검사가 공소장을 관할법원에 제출하면서 시작됩니다.

제2장 수사와 기소절차

형사사건에 대한 수사는 사법경찰관과 검사가 담당합니다.

수사기관은 피의자를 체포·구속하지 않고 수사하는 것이 원칙이고, 필요한 경우에는 판사로부터 영장을 발부받아 체포·구속할 수 있습니다. 현행범인이거나 긴급한 사유가 있는 경우에는 사후에 영장을 발부받을 수 있습니다.

판사는 피의자가 죄를 범했다고 의심할 만한 상당한 이유가 있고 수사기관의 출석요구에 응하지 않거나 응하지 않을 우려가 있을 때에는 체포영장을, 피의자가 죄를 범했다고 의심할 만한 상당한 이유가 있고 피의자의 주거가 없거나 도망 또는 증거인멸의 염려가 있는 경우 구속영장을 발부합니다.

형사재판은 달리 법률로 규정되지 않은 한 원칙적으로 검사의 공소제기에 의해 시작됩니다.

제3장 경찰의 결정

경찰은 1차 수사에 한해 수사종결권을 가지는 사법경찰관은 기존의 검사처럼 형사처분을 뜻하는 '결정' 을 할 수 있습니다.

사법경찰관이 할 수 있는 두 가지의 결정 중에서 피의자에 대한 범죄혐의 인정되면 기소의견으로 검찰에 송치하는 것을 '검찰송치' 라고 하고, 피의자에 대한 범죄혐의 인정되지 않는다고 판단되면 불송치 결정하는 것은 '불송치' 라고 합니다.

1. 검찰송치

경찰이 1차적 수사권에 의하여 피의자에 대한 수사한 결과 범죄혐의 인정되어 기소의견으로 검찰에 송치하는 사건을'검찰송치'라고 합니다.

한편 경찰에서 사법경찰관이 수사한 결과 피의자에 대한 범죄혐의 인정된다고 판단하고 기소의견으로 검찰에 송치한 사건인데 경찰에서 검찰이 송치 받은 사건을 검토하여 기소 여부를 결정하기 위하여 그에 대한 보완이 필요하다고 판단할 경우 검사가 사법경찰관에게 보완수사요구 결정을 합니다.

형사소송법 제197조의2는 "송치사건의 공소제기 여부 결정 또는 공소의 유지에 관하여 필요한 경우" 와 "사법경찰관이 신청한 영장의 청구 여부 결정에 관하여 필요한 경우" 를 해당 사유로 정했습니다.

일단 경찰이 검찰에 송치하면 이전처럼 검사는 수사지휘권을 행사할 수 있습니다. 헌법상 영장청구권자가 여전히 검사에게 있는 만큼 개헌 없이는 '경찰 신청에 의한 검사의 청구' 있어야 하기 때문에 사법경찰관은 고소사건 등을 수사한 결과 피의자에 대한 범죄혐의 인정되면 기소의견으로 검찰에 송치하여야 합니다.

2. 불송치

사법경찰관이 수사를 완료한 후 관계서류와 증거물을 토대로 피의자에 대한 범죄혐의 유무에 대한 판단을 하여 불기소함이 적절하다고 판단되는 경우 검찰에 기소의견으로 송치하지 않는 결정을 하는 권한인 경찰의'불송치 결정'을 부여하였습니다.

사법 경찰관은 사건을 수사한 경우에는 1.법원송치 2.검찰송치 3.불송치 가,혐의없음 ①범죄인정안됨 ②증거불충분 나,죄가안됨 다,공소권없음 라,각하 4.수사중지 가,피의자중지 나,참고인중지 5.이송의 구분에 따라 '결정' 해야 합니다.

경찰은 수사한 결과 피의자에 대한 범죄혐의 인정되지 않는다고 판단되면 수사종결권에 의하여 불송치(사법경찰관이 수사한 결과 피의자에 대한 범죄혐의 인정되지 않는다고 기소의견으로 검찰에 송치하지 아니하고 경찰에서 자체적으로 사건을 종결하는 것을 말합니다)결정을 할 수 있습니다.

사법경찰관이 불송치 결정을 하는 때는 형사소송법 제245조의6(고소인 등에 대한 송부통지) 7일 이내에 서면으로 고소인 등에게 기소의견으로 검찰에 송치하지 아니한 취지와 그 이유를 통지하여야 합니다.

제4장 고소인 등의 이의신청

불송치 결정을 통지받은 고소인 등은 형사소송법 제245조의7(고소인 등의 이의신청) 제1항 형사소송법 제245조의6의 통지를 받은 사람은 해당 사법경찰관의 소속 관서의 장(경찰서장)에게 이의를 신청할 수 있습니다.

제2항 사법경찰관은 제1항의 이의신청이 있는 때는 지체 없이 검사에게 사건을 송치하고 관계 서류와 증거물을 송부하여야 하며, 이의신청에 대한 처리결과와 그 이유를 제1항의 이의신청인에게 통지하여야 합니다.

1. 이의신청의 기간

사법경찰관의 불송치 결정에 대한 고소인 등이 이의신청을 할 수 있는 기간은 형사소송법을 개정하면서 따로 정하지 않았기 때문에 공소시효가 완성되지 않았으면 언제든지 고소인 등은 사법경찰관의 불송치 결정에 대한 이의신청을 할 수 있습니다.

2. 불송치이유 정보공개청구

고소인 등이 사법경찰관이 수사한 결과 피의자에 대한 범죄혐의 인정할 수 없다는 취지로 불송치 결정을 한 것을 인정할 수 없어 이의신청을 하고자 하는 경우에 그 불송치이유를 알아야 할 필요가 있습니다.

그런데 불송치 결정의 경우에는 통지의무만 있기 때문에 상세한 이유는 알 수 없습니다. 만일 구체적으로 적시한 서면에 의한 설명 통지서가 아닌 사법경찰관의 구두 또는 문서에 추상적 표현으로서'무혐의로서 불송치 결정하였다'고 한다든지'여러 사정을 종합하여 불송치 결정하였다'고 하면 고소인 등의 이의신청은 곤란할 것으로 판단됩니다.

그러므로 불송치 결정 통지서에 불송치 이유가 구체적으로 기재되어 있지 않은 경우 바로 사법경찰관 소속 경찰서 종합민원실로 가서 정보공개청구를 하여 사법경찰관이 작성한 불송치이유를 발급받아 그에 맞는 이의신청서를 작성해 제출하는 것이 효과적입니다.

제5장 재수사 요청 등

검사는 형사소송법 제245조의8(재수사 요청 등) 제1항 형사소송법 제245조의 5 제2호의 경우에 사법경찰관이 수사한 결과 고소사건을 기소의견으로 검찰에 송치하지 않고 불송치 결정을 한 것이 수사한 결과 위법 또는 부당한 때에는 그 위법과 부당의 이유를 문서로 명시하여 사법경찰관에게 재수사를 요청할 수 있습니다.

제2항 사법경찰관은 제1항의 요청이 있는 때에는 사건을 재수사하여야 합니다.

1. 재수사 요청 기간

사법경찰관의 수사한 결과 피의자에 대한 범죄혐의 인정되지 않는다는 판단으로 불송치 결정을 하여 고소인 등이 불복으로 이의신청을 하여 사법경찰관으로 하여금 수사 기록과 증거물을 송부 받은 검사는 90일 이내에 재수사 요청 여부를 판단해야 합니다.

만일 90일이 지났다 하더라도 형사소송법 시행령 제63조에 따라 (1)명백히 새로운 증거 또는 사실이 발견된 경우 (2)증거 등의 허위, 위조 또는 변조를 인정할 만한 상당한 정황에서는 위 90일과는 상관없이 검사는 사법경찰관에게 재수사를 요청할 수 있습니다.

2. 재수사 결과

사법경찰관은 검사의 재수사 요청에 의하여 재수사한 결과 피의자에 대한 범죄혐의 인정된다고 판단하면 피의자를 기소의견으로 검찰에 송치하여야 합니다.

재수사한 결과에 의하여 이번에도 피의자에 대한 범죄혐의 인정되지 않는다고 판단되어 불송치 결정을 하는 때는 검사에게 '재수사 결과서' 만 보내고 7일 이

내에 서면으로 고소인 등에게 재수사 결과로 기소의견으로 검찰에 송치하지 않는다는 불송치 결정의 취지와 그 이유를 통지하여야 합니다.

3. 고소인 등의 재수사 결과에 대한 이의신청

재수사 결과 불송치 결정의 통지를 받은 고소인 등은 사법경찰관 소속 관서의 장(경찰서장)에게 재수사 결과의 불송치 결정에 대한 이의신청을 할 수 있습니다.

고소인 등으로부터 이의신청을 받은 사법경찰관은 지체 없이 재수사한 사건을 검사에게 송부하여야 합니다.

제6장 불송치 결정 이의

　형사소송법이 개정되면서 사법경찰관이 수사한 결과 피의자에 대한 불송치 결정에 인정할 수 없으면 고소인 등이 반드시 챙겨야 할 권리는 바로 이의신청입니다.

　범죄의 피해자이면서 고소인의 입장에서 사법경찰관이 수사한 결과에 대하여 불송치 결정을 한 것에 대한 합법적으로 문제를 제기하는 가장 강력한 것이 이의신청입니다.

　고소인 등의 이의신청은 수사를 담당한 사법경찰관의 수사와 판단으로 불송치 결정을 한 것을 받아들일 수 없다고 공식적으로 이의신청을 통하여 항의하는 것입니다.

　경찰에서 사건을 불송치 결정으로 덮을려는 것을 고소인 등이 이의신청을 하면 검찰 수사단계로 진입시킬 수 있는 유일한 방법이고 재수사를 통하여 얼마든지 바로 잡을 수 있습니다.

제7장 재수사 요청 절차

  사법경찰관에게 재수사를 요청할 수 있는 권한은 고소인 등과 검사에게 있습니다. 형사소송법과 시행령에 의하면 검사와 사법경찰관의 상호협력과 일반적 수사준칙에 관한 규정에서 검사가 사법경찰관에게 기소의견으로 송치한 사건에 대하여 공소 유지를 위하여 보완 수사가 필요하거나 사법경찰관이 피의자에 대한 영장을 신청한 사건에 대하여 영장발부를 위하여 보완이 필요하다고 판단하면 검사는 사법경찰관에게 보완수사를 요구할 수 있으며 불송치 결정한 것이 위법 또는 부당한 때는 재수사를 요청할 수 있다고 규정하고 있습니다.

  보완수사는 경찰이 수사한 결과 피의자에 대한 범죄혐의 인정된다는 판단으로 기소의견으로 검찰에 사건을 '넘기는' 송치사건이나 영장신청 사건에서 사법경찰관으로 하여금 다시 추가 수사를 하는 것을 말합니다.

  재수사는 사법경찰관이 수사한 결과 피의자에 대한 범죄혐의 인정되지 않는다는 판단으로 수사종결권에 의하여 기소의견으로 검찰에 '넘기지 않는' 불송치 결정에 대하여 고소인 등이 불송치이유를 받아들일 수 없어 이의신청을 한 사건을 검사가 검토하여 사법경찰관이 불송치 결정을 한 것이 위법 또는 부당한 때 형사소송법 제245조의8 제2항에 의하여 사법경찰관에게 다시 재수사를 요청하는 것을 말합니다.

제8장 보완수사 및 재수사

검사가 사법경찰관에게 할 수 있는 보완수사 '요구' 와 재수사 '요청' 이라는 뜻은 청하는 쪽에 권한이나 권리가 있으면 '요구'입니다.

권한이나 권리가 없으면 '요청' 이라고 합니다.

사법경찰관이 수사한 결과 피의자에 대한 범죄혐의 인정된다고 기소의견으로 검찰에 송치한 사건을 검사가 공소유지 및 영장발부를 위하여 추가 수사가 필요하다고 판단하는 경우 공소의 유지나 영장청구의 권한은 검사에게 있으므로 사법경찰관에게 검사가 보완수사를 '요구' 하는 것입니다.

사법경찰관이 수사한 결과 피의자에 대하여 범죄혐의 인정되지 않는다고 기소의견으로 검찰에 송치하지 아니하고 피의자에 대한 불송치 결정을 한 것이 위법 또는 부당한 때에 수사에 권한은 사법경찰관에게 있으므로 검사가 재수사를 '요청' 하는 것입니다.

제9장 1차적 수사권 및 수사종결권

경찰이 1차적 수사권(수사한 결과 범죄혐의 인정된다고 판단하면 기소의견으로 검찰에 송치), 수사종결권(수사한 결과 범죄혐의 인정되지 않는다고 판단하면 불송치)을 가지는 사법경찰관은 기존의 검사처럼 형사처분을 뜻하는 '결정' 을 합니다.

경찰에서 할 수 있는 두 결정이 바로 기소의견으로 검찰에 송치하는 '검찰송치' 와 혐의 없음의 이유로 불송치 결정을 하는 '불송치'입니다.

말 그대로 송치 여부에선 경찰이 최종 결정권자입니다.

제10장 보완수사 요구

보완수사요구 결정은 사법경찰관이 고소사건을 수사한 결과 피의자에 대하여 범죄혐의 인정되는 경우 기소의견으로 검찰에 송치한 사건을 배당받은 검사가 당해 사건에 대하여 기소를 위한 수사에 미진한 부분이 있다고 사법경찰관에게 해당 부분을 보완해 달라고 검사가 요구하는 것을 말합니다.

예를 들어 사법경찰관이 기소의견으로 검찰에 송치한 사건을 검토한 검사가 고소인과 피의자의 주장이 서로 사실과 달라 당사자들 주장의 진위 여부를 파악하기 위하여 고소인과 피의자 또는 참고인을 상대로 하여 대질신문을 해달라는 취지로 사법경찰관에게 검사가 보완수사를 요구하는 것을 말합니다.

사법경찰관이 검사에게 피의자의 계좌에 대한 압수수색 영장을 신청하였는데 담당 검사가 '피의자로부터 계좌정보 제공 동의를 받아 계좌내역의 확보를 시도한 뒤, 그것이 되지 않는다면 영장을 재신청하라는 취지로 보완수사를 요구할 수 있습니다.

제11장 재수사 신청 방법

사법경찰관이 수사한 결과 피의자에 대한 범죄혐의 인정되지 않는다고 불송치 결정을 한 것이 위법 또는 부당하다는 판단으로 검사가 재수사 요청을 하여 사법경찰관이 재수사 한 결과 피의자에 대하여 범죄혐의 인정된다고 판단하면 기소의견으로 검찰에 송치하면 됩니다. 이번에도 종전과 같이 재수사 한 결과 피의자에 대한 범죄혐의 인정되지 않는다고 불송치 결정을 하는 때는 검사에게 '재수사 결과서'를 보내면 됩니다.

재수사 결과 불송치 결정을 할 때는 사법경찰관은 7일 이내에 서면으로 고소인 등에게 재수사 결과 기소의견으로 검찰에 송치하지 않는다는 취지와 그 이유에 대하여 통지하여야 하고 통지를 받은 고소인 등은 이의신청을 할 수 있고 이의신청을 받은 사법경찰관은 지체 없이 재수사 한 사건을 고스란히 검사에게 송부하여야 합니다.

검사가 사법경찰관이 수사한 결과 피의자에 대하여 범죄혐의 인정되지 않는다는 이유로 불송치 결정을 한 것이 위법 또는 부당한 때는 검사는 사법경찰관에게 위법이나 부당의 이유를 명시하여 재수사를 요청하여야 하므로 고소인 등은 검사가 사법경찰관에게 추가 수사를 하게 하거나 재수사를 요청하여 공소를 제기할 수 있도록 이의신청이유를 기재하여 제출하여야 합니다.

재수사를 요구하고자 할 때는 검사가 고소인 등이 제출한 이의신청서만 읽고도 사법경찰관이 불송치 결정이유로 삼은 법적근거가 왜 잘못됐다는 것임을 재수사가 필요하다는 것인지 확인하고 조사할 수 있도록 이의신청서를 작성하여야 합니다.

사법 경찰관에게 검사가 재수사를 하게하여 최종적으로 기소 여부를 결정하기 위해서는 사법경찰관이 불송치 결정을 한 것은 어떠한 위법이 있고 무슨 이유에 의하여 부당하다는 것을 증명하여야 하므로 검사가 이의신청서만 확인하고 피의자에 대한 유죄의 심증을 움직이는 데 초점을 맞추고 설명하는 식으로 이의신청서를 작성하여야 효과적입니다.

 예를 들어 사법경찰관이 수사한 결과 혐의 없음의 이유로 불송치 결정을 함에 있어서는 그 불송치 결정에 앞서 수사기록을 철저히 검토하여 수사에 미진한 점이 없는지 한 번 더 생각해 보아야 합니다. 사법경찰관이 철저히 수사하였다면 범죄혐의 인정하여 기소의견으로 검찰에 송치할 사건을 수사를 제대로 하지 아니하고 혐의 없음 불송치 결정을 한 위법을 설명하시면 됩니다.

 재수사는 임상경험이 많은 노련한 의사들이 더 정확한 진단을 할 수 있듯이 여러 해 동안 수많은 사건들을 수사하고 공소제기를 하거나 불송치 결정으로 재수사를 요청한 경험이 풍부한 검사가 이의신청서만 읽게 되면 고소인 등이 불복하는 이유가 무엇인지 불송치 결정이 잘못된 것인지 여부를 잘 밝혀내고 재수사를 하게 하여 기소 여부를 최종적으로 결정합니다.

 이의신청서를 통해 사법경찰관의 수사가 소홀한 부분이 어떠한 부분인지 제대로 수사를 다하지 않고 불송치 결정을 한 부분이 위법 또는 부당하다는 이유를 검사에게 설명하여야 검사가 이의신청을 받아들여 사법경찰관에게 그 부분의 재수사를 요청하고 기소 여부를 결정합니다.

제12장 불송치 결정 이의신청서 최신서식

(1)불 송치 결정 이의신청서 - 사기 사문서위조 등 고소 판단유탈 수사미진 불송치 결정 검사에게 재수사요구 이의신청서 최신서식

불송치 결정 이의신청서

사 건 번 호 : ○○○○년 형제○○○○호 사기죄 등

신 청 인 : ○   ○   ○

청주시 청원경찰서장 귀중

불송치 결정 이의신청서

1. 신청인

성 명	○ ○ ○	주민등록번호	생략
주 소	청주시 ○○구 ○○로 ○길 ○○, ○○○-○○○○호		
직 업	상업	사무실 주 소	생략
전 화	(휴대폰) 010 - 7700 - 0000		
기타사항	이 사건 고소인 겸 이의신청 신청인입니다.		

2. 경찰 결정 내용

사건번호	○○○○년 형제○○○○호
죄 명	사기죄 등
결정내용	혐의 없음(증거불충분) 불 송치 결정

3. 이의신청 이유

신청인(이하 '고소인' 이라고 줄여 쓰겠습니다)은 피고소인 ○○○(이하 '피의자' 라고 하겠습니다)을 ○○○○. ○○. ○○. 청주시 청원경찰서 ○○○○년 형제○○○○호 사기죄 등으로 고소한 사건에 관하여 청주시 청원경찰서 사법경찰관 경위 ○○○은 ○○○○. ○○. ○○. 피의자에 대하여 혐의 없음(증거불충분)의 이유로 불 송치 결정을 하였는바, 이는 부당하므로 아래와 같이 이의신청을 제기합니다.

- 아   래 -

1. 사건의 개요

　　가. 이의신청(이하, 다음으로는 '고소인' 이라고 줄여 쓰겠습니다)은 ○○○○. ○○. ○○. 청주시 청원경찰서에 피고소인(이하에서는 '피의자'이라 합니다)을 사기, 사기미수, 사문서변조, 변조사문서행사, 사인부정사용, 부정사용사인행사 등의 혐의로 고소하고, 같은 해 ○○. ○○.피의자를 사인부정사용, 부정사용사인행사 등의 혐의로 추가 고소하였는바, 이 사건 전체 고소사실의 요지는 다음과 같습니다.

　　　　○ 피의자는 ○○연구소의 소장으로 재직하였던 자인 바,

　　　　　(1) ○○○○. ○○. ○○. 불상의 장소에서 행사할 목적으로 청주시 ○○구 ○○로길 ○○,소재 ○○빌딩 ○○○호 사무실(이하에서는 '이 사건 사무실' 이라 합니다)에 대하여 임대인 '한○호', 임차인 '○○연구소', 임차인 대리인 '소장 박○현'(고소인)으로 기재된 부동산임대차계약서(이하에서는 '이 사건 부동산임대차계약서' 라 합니다)에 임의로 소지하고 있던 ○○대학교 ○○연구소장의 사각직인을 임차인과 임차인 대리인 란 옆에 날인하여 이를 부정하게 사용하고, 일시 불상 경 청주지방법원에서 그 정을 모르는 담당 법원직원에게 위와 같이 ○○대학교 ○○연구소장의 사각직인이 날인된 이 사건 부동산임대차계약서를 같은 법원 ○○○○가단○○○○호 건물명도 등 청구소송의 증거자료로 제출하여 이를 행사하고,

　　　　　(2) 고소인이 피의자에게 주식회사 ○○연구소의 대표직을 양도하는 대신에 그간 동 연구소를 운영하면서 사용한 신용카드 대금과 고소인이 직원급여에 사용하라고 피의자에게 빌려 준 ○,○○○만원을 피의자가 변제한다는 내용으로 양도·양수계약을 체결 하였는바, 고소인이 위와 같은 양도·양수계약에 따라 컴퓨터로 작성된 ○○○○. ○○. ○○.자 '○○연구소 양수양도계약서 2부(양도자 보관용, 양수자 보관용)'를 소지하고 있음을 기화로,

(가) ○○○○. ○○. ○○.경 불상의 장소에서 행사할 목적으로 임의로 동 계약서(양도자 보관용) 제2항 '고소인이 직접 차용하여 ○○. ○○. 피의자에게 직원들의 ○○월분 급여로 사용하라고 준 ○,○○○만원은 가능한 최단기일에 피의자가 고소인에게 지급 한다'ㅍ 라는 취지로 기재된 문구 아래 "상호 노력한다. ○○○ 본 연구소(법인명의) 은행계좌 개설은 상기 이행 후에 한다 ○" 이라고 기재하고, 동 계약서 제3항 '○○연구소 명의의 법인신용카드 사용금액 등은 이를 사용한 피의자가 전적으로 책임을 진다.' 라는 취지로 기재된 문구 아래 "카드를 ○○. ○○.수령함 ○ ○○법무사" 라고 기재하고, 동 계약서 제3항(제4항의 오기임) '○○○○는 전부 완료되었으므로 ○○ ○○. ○○. ○○.까지 제출하고 그 비용은 필요하다면 따로 정산 한다' 라는 취지로 기재된 문구 아래 "○○○○ 대금은 ○,○○○만원으로 한다(○○○만)" 라고 기재하고, 동 계약서 맨 하단에 "(을) 양수자 청주시 상당구 ○○로 ○○,(양○석)" 이라고 기재하여 권리의무에 관한 사문서인 고소인 명의의 ○○연구소 양수양도계약서 1부를 변조하고,

(나) 전항과 같은 일시, 장소에서 행사할 목적으로 임의로 동 계약서(양수자 보관용) 제2항 '고소인이 직접 차용하여 ○○. ○○. 피의자에게 직원들의 ○○월분 급여로 사용하라고 준 ○,○○○만원은 가능한 최단기일에 피의자가 고소인에게 지급 한다.' 라는 취지로 기재된 문구 아래 "상호 노력한다. ○○○ 본 연구소 법인계좌는 상기 이행 후에 한다. ○" 이라고 기재하고, 동 계약서 제3항(제4항의 오기임) '○○○○는 전부 완료되었으므로 ○○○○. ○○. ○○.까지 제출하고 그 비용은 필요하다면 따로 정산 한다' 라는 취지로 기재된 문구 아래 "○○○○ 대금은 ○,○○○만원으로 한다(차액은 ○○○만원)"라고 기재하고, 동 계약서 맨 하단에 "(을) 양수자 청주시 상당구 ○○로 ○○, 양○석" 이라고 기재하여 권리의무에 관한 사문서인 고소

인 명의의 ○○연구소 양수양도계약서 1부를 변조하고,

(다) 일시 불상 경 청주지방법원에서 그 정을 모르는 담당 법원직
원에게 위 제(2)의 (나)항과 같이 변조된 양수양도계약서를 같
은 법원 ○○○○가단○○○○호 건물명도 등 청구소송의 증거
자료로 제출함으로써 이를 행사하고,

(3) 일시 불상 경 불상의 장소에서 고소인의 조상인 박○량에 관하여
기술한 '○○○○' 라는 책자를 발간해 줄 의사와 능력이 없음에도
불구하고 고소인으로부터 책자 발간 비 명목으로 ○,○○○만원을
편취하려 하였으나 고소인이 이를 지급하지 않아 미수에 그치고,

(4) 일시 불상 경 불상의 장소에서 위 박○량에 관한 역사소설을 만들
어 줄 의사와 능력이 없음에도 불구하고 고소인에게 작가 이○담
을 시켜 청백리 박○량에 관한 역사소설을 만들어 준다고 거짓말
하여 이에 속은 고소인으로부터 비용조로 ○,○○○만원을 지급받
아 이를 편취한 것입니다.

나. 이 사건의 수사를 담당한 사법경찰관 경위 ○○○은 위 고소사건에 대하
여 ○○○○. ○○. ○○.불 송치결정 통지서에 사문서변조죄, 변조사문서
행사죄로만 죄명표시하고 사기죄, 사기미수죄, 사인부정사용죄 및 부정사
용사인행사죄는 죄명표시하지 아니한 채 위 고소사실 전부에 대하여 혐의
없음의 이유로 불 송치결정을 하였습니다.

다. 고소인은 위 불 송치결정에 불복하여 아래와 같은 이유로 이의신청서를
제출합니다.

2. 이의신청의 요지

가. 사문서변조 및 변조사문서행사 부분

○ 사법경찰관의 고소인의 이 부분 고소사실에 관하여 현저히 정의와 형

평에 반하는 수사를 하였거나, 증거판단에 있어서 불 송치결정에 영향을 미친 중대한 잘못이 있었다고 보여지지 아니하므로 이의신청을 하지 않겠습니다.

나. 사기, 사기미수, 사인부정사용 및 부정사용사인행사 부분

(1) 판단유탈 및 수사미진

(가) 고소인이 제출한 고소장에 피의자에 대하여 사문서변조, 변조사문서행사의 점 외에도 전술한 사건의 개요에서 적시한 바와 같이 사기, 사기미수, 사인부정사용 및 부정사용사인행사의 점에 관하여도 철저히 조사하여 처벌해 줄 것을 명백히 요구하였고, 추가 고소장에서도 동일한 의사를 표명하였음에도 불구하고 사법경찰관은 불 송치결정을 하면서 이 사건 고소사실 중 사기, 사기미수, 사인부정사용 및 부정사용사인행사의 점에 관하여 전혀 수사를 하지 아니하였고 판단도 하지 아니하였습니다.

(나) 판단유탈

○ 고소인이 처음 제출한 고소장, 고소인 대리인이 제출한 진술서, 추가로 제출한 고소장에는 ①피의자가 ○○대학교 △△연구소장의 직인을 임의로 이 사건 부동산임대차계약서의 임차인 및 임차인 대리인 란의 옆에 날인하여 이를 부정사용하고, 민사소송의 증거로 제출하여 이를 행사한 사실, ②피의자가 고소인의 조상인 박○량에 관하여 기술한 '○○○○'라는 책자 제작비 명목으로 ○,○○○만원을 편취하려 하였으나 이를 지급하지 않아 미수에 그친 사실, ③위 박○량의 ○○○○을 작가 이○담을 시켜 만들어 준다며 비용조로 ○,○○○만원을 받아 이를 편취한 사실을 모두 명백히 고소사실에 포함시키고 있음에도 불구하고 이 사건의 수사를 담당한 사법경찰관은 이 부분에 대한 수사를 하지 아니하고 판단을 누락하였습니다.

○ 그럼에도 불구하고 사법경찰관은 위 고소사건에 대하여 ○○ ○○. ○○. ○○.혐의 없음의 이유로 불 송치결정을 함에 있어서 사기, 사기미수, 사인부정사용 및 부정사용사인행사에 관하여는 불 송치통지서에 죄명표시를 하지 아니하고 피의사실과 불 송치이유에서도 판단을 누락하였습니다.

(다) 수사미진

① 사인부정사용 및 부정사용사인행사의 점

○ 전술한 바와 같이, 고소인은 피의자가 이 사건 부동산임대차계약서를 작성함에 있어서 그가 ○○대학교 ○○연구소장이 아니어서 그 직인을 사용할 권한이 없음에도 불구하고 임차인 및 임차인 대리인 란 옆에 '○○대학교 ○○연구소장' 의 직인을 함부로 날인하여 이를 행사하였다고 주장했습니다.

○ 이러한 경우 사법경찰관으로서는 먼저, 피의자와 ○○대학교 ○○연구소장을 상대로 피의자가 위와 같이 직인을 날인한 사실이 있는지, 그러한 사실이 있다면 피의자가 ○○대학교 ○○연구소장의 직인을 사용할 권한이 있거나 그 사용에 관하여 ○○대학교 △△연구소장으로부터 승낙을 받은 사실이 있는지, 직인을 날인할 당시에 ○○대학교 ○○연구소장은 누구였고 실제로 존재하였는지 등을 조사함으로써 이 부분 고소사실에 관하여도 수사한 다음에 종국적인 결정을 하여야 함에도 불구하고 사법경찰관은 이러한 수사를 전혀 하지 아니하여 이 부분에 대한 피의자의 범죄혐의 유무를 판단하기 부족할 뿐만 아니라 이 부분 고소에 대하여는 범죄혐의 여부의 판단마저 하지 아니하고 있습니다.

(2) 사기미수 및 사기의 점

(가) 전술한 바와 같이, 고소인은 피의자가 고소인의 조상인 박○량에 관한 책자인 '○○○○'를 발간해 줄 의사와 능력이 없음에도 불구하고 책자 발간 비 명목으로 ○,○○○만원을 요구하여 이를 편취하려 함은 물론 위 박○량에 관한 역사소설을 발간하여 널리 소개할 의사와 능력이 없음에도 불구하고 작가 이○담을 시켜 위 역사소설을 발간하는데 필요하다고 거짓말하고 그 비용 명목으로 ○,○○○만원을 편취하였습니다.

(나) 이러한 경우 사법경찰관으로서는 고소인과 피의자를 상대로 고소인이 피의자에게 위 박○량과 관련된 ○○○○와 역사소설의 발간을 의뢰한 경위 및 그 내용, 이와 관련하여 고소인이 피의자에게 지급하기로 한 대가, 피의자가 약속한 책자를 발간할 만한 능력의 소유자인지 등을 조사하고, 피의자가 고소인에게 실제로 위 ○○○○ 출력물과 CD를 제공했는지, 그 내용은 역사적 사실에 입각하여 충실하게 제작 되었는지 등을 확인함으로써 이 부분 고소사실에 관하여도 수사한 다음에 종국적인 결정을 하여야 함에도 불구하고 사법경찰관은 이러한 조사를 전혀 하지 아니하였을 뿐만 아니라 이 부분 고소에 대하여는 불 송치결정 여부의 판단마저 하지 아니하고 있습니다.

(3) 소결론

(가) 위에서 살펴본 바와 같이 사법경찰관은 이 사건 고소사실 중 사기, 사기미수, 사인부정사용 및 부정사용사인행사의 점에 대하여 판단을 유탈하였고, 그렇게 함으로써 마땅히 조사하여야 할 중요사항에 대하여 조사하지 아니한 채 불 송치결정을 하였습니다.

(나) 그렇다면 사법경찰관의 이 사건 불 송치결정은 그 결정에 영향을 미친 중대한 판단유탈과 수사미진의 잘못이 있다고 할 것입니다.

3. 결론

이 사건 수사를 담당한 사법경찰관 경위 ○○○의 불 송치결정은 그 결정에
영향을 미친 중대한 판단유탈과 수사미진의 잘못이 있으므로 다시 재수사의
처분이 필요하다 할 것이므로, 이에 이의신청을 제기하게 된 것입니다.

4. 이의신청 결과통지서 수령방법

종류	서면 / 전화 / 팩스 / 전자우편 / 문자메시지

5. 소명자료 및 첨부서류

    (1) 수사결과 통지서(불 송치결정)   1통

○○○○ 년 ○○ 월 ○○ 일

위 이의신청인 : ○ ○ ○   (인)

청주시 청원경찰서장 귀중

불 송치 결정 이의신청서

사 건 번 호 : ○○○○년 형제○○○○호 폭행·협박죄 등

신 청 인 : ○   ○   ○

전라북도 장수경찰서장 귀중

불 송치 결정 이의신청서

1. 신청인

성 명	○ ○ ○		주민등록번호	생략
주 소	전라북도 장수군○○로 ○길 ○○, ○○○호			
직 업	상업	사무실 주 소	생략	
전 화	(휴대폰) 010 - 7239 - 0000			
기타사항	이 사건 고소인 겸 이의신청 신청인입니다.			

2. 경찰 결정 내용

사건번호	○○○○년 형제○○○○호
죄 명	폭행·협박죄 등
결정내용	혐의 없음(증거불충분) 불 송치 결정

3. 이의신청 이유

신청인(이하 '고소인'이라고 줄여 쓰겠습니다)은 피고소인 ○○○, ○○○, ○○○, ○○○(이하 '피의자'라고 하겠습니다)을 ○○○○. ○○. ○○. 전라북도 장수경찰서 ○○○○년 형제○○○○호 폭행·협박죄 등으로 고소한 사건에 관하여 전라북도 장수경찰서 사법경찰관 경위 ○○○은 ○○○○. ○○. ○○. 피의자에 대하여 혐의 없음(증거불충분)의 이유로 불 송치 결정을 하였는바, 이는 부당하므로 아래와 같이 이의신청을 제기합니다.

- 아 래 -

1. 사건개요 및 불 송치결정 이유의 요지

   가. 사건개요

   ○ 이의신청인(이하, 앞으로는 '고소인' 이라고 줄여 쓰겠습니다)은 ○○○○. ○○. ○○. 전라북도 장수경찰서 ○○○○년 형제○○○○호 피고소인(이하, 다음으로는 '피의자' 라고 합니다) 정○영, 김○곤, 이○진, 이○우, 복○수에 대한 강도 상해 및 특수강도 혐의로 고소하였으나 그 고소사실의 요지는 다음과 같습니다.

   피의자 정○영은 주식회사 ○○이앤엠(이하 '○○ 본사' 라 합니다)과 주식회사 □□(이하 '□□' 라 합니다)의 회장, 피의자 김○곤은 건축디자인설계업자, 피의자 이○진은 ○○ 본사와 □□의 대표, 피의자 이○우는 ○○ 본사의 부장, 피의자 복○수는 특수기계 시공업자인데, 피의자들은 고소인이 ○○○○. ○○. ○○. 도급받은 전라북도 장수군 ○○로길 ○○○, 소재 △△빌딩 지하 1층 '○○' 클럽 인테리어 공사(이하 '이 사건 공사' 라고 줄여 쓰겠습니다)와 관련하여 고소인에게 공사대금을 주지 않거나 고소인의 재물을 빼앗기로 공모하였습니다.]

   (1) 강도상해

   (가) 피의자 정○영은 ○○○○. ○○. ○○. ○○:○○경 전라북도 장수군 ○○로길 ○○○, 소재 ▽▽빌딩 ○층 '□□' 사무실에서 피의자 김○곤, 이○진, 복○수 및 고소인과 함께 이 사건 공사 진행과 관련하여 회의를 하던 중, 고소인에게 공사비 사용내역서 제출을 요구했습니다.

   (나) 고소인이 이를 거절하자, 발로 고소인의 얼굴을 가격하는 등 고소인의 온몸을 주먹과 발로 수회 때려 고소인에게 좌측 상안검 열상 등 상해를 가하고, 몇 시간 뒤 고소인이 가져온 공사비 사용내역서를 살펴보고 고소인에게 통장에 남은 돈을 당

장 부치라고 위협하여, 피의자 김○곤, 이○진, 이○우와 함께 고소인을 그 주거지로 데려가 고소인에게 ○○은행 계좌(이하 '○○ 본사 계좌' 라 합니다)로 ○,○○○만 원을 송금하게 하고, 고소인의 주거지에 대한 임대차계약서(보증금 2,000만 원)를 강제로 빼앗았습니다. 이로써 피의자들은 공동하여 고소인을 폭행·협박하여 합계 ○억 ○,○○○만 원 상당의 재물을 강취하고 고소인에게 ○○일간의 치료를 요하는 상안검 열상(좌측)의 상해를 가하였습니다.

(2) 특수강도

(가) 피의자 김○곤은 ○○○○. ○○. ○○. 오전 이 사건 공사 현장에서 고소인에게 "나는 칼을 뽑으면 그냥 안 집어넣는다. 칼을 꼭 쓴다. 너는 아웃이야! 까불면 죽는다." 라고 위협하고, 피의자 정○영은 같은 달 ○○일 ○○:○○경 위 '□□' 사무실에서 피의자 김○곤과 함께 고소인에게 ○억 ○,○○○만 원을 ○○○○. ○○. ○○.까지 변제하겠다는 내용의 확인서를 작성하게 한 뒤 고소인 명의의 자동차등록증 사본을 빼앗았습니다.

(나) 이로써 피의자 정○영, 김○곤은 공동하여 고소인을 협박하여 겁을 먹은 고소인으로부터 ○억 ○,○○○만 원 상당의 변제확인서를 작성하게 하고, 시가 ○,○○○만원 상당의 벤츠 자동차등록증 사본을 강취하였습니다.

나. 불 송치결정 이유의 요지

○ 이 사건의 수사를 담당한 사법경찰관은 피의자 정○영이 고소인에게 가한 폭행의 정도와 경위, 피의자 김○곤, 이○진, 이○우가 고소인에게 한 언행, 고소인이 피의자 정○영의 지시에 따라 송금한 경위 등에 비추어 볼 때, 피의자 정○영이 고소인을 폭행하게 된 경위나 고소인이 송금한 돈의 산정 근거 등을 구체적으로 밝히지 않은 채 위 피의자들에 대하여 공갈 혐의도 인정되지 않는다는 취지로 혐의 없음의

이유로 불 송치결정을 하였습니다.

2. 이의신청의 요지

가. 피의자 정○영 등의 폭행·협박으로 인하여 생명의 위협을 느낀 고소인은 피의자 정○영이 시키는 대로 할 수밖에 없었고, 피의자 김○곤, 이○진, 이○우는 심리적·무형적으로 고소인을 지배하에 두고 감시하였습니다.

나. 강도죄의 폭행·협박이 없었다거나 피의자 정○영의 폭행과 고소인의 재산 처분행위 사이에 상당인과관계가 없다는 사법경찰관의 판단은 부당합니다.

다. 나아가 사법경찰관은 이 사건 공사가 지체된 이유, 피의자 정○영이 이 사건 공사 계약을 해제하려고 했던 이유 등에 대한 충분한 수사를 하지 않은 채 이 사건 불 송치결정을 하였습니다.

(1) 고소인 및 피의자들의 지위

○ 고소인은 주식회사 △△(이하 '고소인 회사' 라 합니다)의 대표이고, 피의자 정○영은 ○○ 본사와 □□의 회장, 피의자 김○곤은 건축디자인설계업자, 피의자 이○진은 ○○ 본사와 □□의 대표, 피의자 이○우는 ○○ 본사의 부장, 피의자 복○수는 특수기계 시공업자입니다.

(2) 이 사건 공사 계약의 체결

○ 고소인은 지인을 통해 이 사건 공사를 제의받고 피의자 이○진을 소개받은 뒤, 고소인 회사의 대표이사로서 ○○○○. ○○. ○○. 위 '□□' 사무실에서 피의자 정○영과 아래와 같은 내용의 이 사건 공사 계약을 체결하였다가 이후 착공일 및 계약체결일을 각 "○○○○. ○○. ○○."에서 "○○○○. ○○. ○○."로 수정하였습니다.

- 발주자 : ○○ 본사(대표자 피의자 정○영), 주식회사 ××(대표

자 최○진)

- 시공자 : 고소인 회사

- 공사명 및 현장주소 : 전라북도 장수군 ○○로길 ○○○,신○○ 인테리어 공사,

- 공사기간 및 공사완료일 : ○○○○. ○○. ○○.부터 같은 해 ○○. ○○.까지

- 계약금액 : ○○억 원(부가가치세 포함) [계약금 ○억 ○,○○○ 만 원(착공시 지급), 1차 중도금 ○억 ○,○○○만 원(공사진행 50% 시 지급), 2차 중도금 ○억 ○,○○○만 원(공사진행 75% 시 지급), 잔금 ○억 ○,○○○만 원(잔여공정 감독관 승인 후 준공도면 납품승인 시 지급)]

(3) 이 사건 공사의 진행 경과

○ 이 사건 공사 현장에 천장 배관 및 소방설비가 철거되지 않은 채 남아 있었고 제연설계가 누락되어 있었으므로, 고소인은 제연설계를 제외하고 이 사건 공사를 진행하다가 ○○○○. ○○. ○○.경 직접 제연설계를 발주하게 되었고, 피의자 정○영, 김○곤은 여러 차례 설계 변경을 요구하였으며, 이 사건 공사는 당초 예상기일보다 지체되었습니다.

○ 한편, 피의자 정○영은 ○○ 본사 계좌에서 고소인 회사의 계좌(이하 '고소인 회사 계좌' 라 합니다)로, 계약금 명목으로 ○○○○. ○○. ○○. ○억 원, 같은 달 ○○일 ○억 ○,○○○만 원, 1차 중도금 명목으로 같은 해 ○○. ○○. ○억 ○,○○○만 원을 각 송금하였습니다.

(4) ○○○○. ○○. ○○. 상황

(가) 고소인은 ○○○○. ○○. ○○. 오전 피의자 김○곤으로부터 이

사건 공사 진행과 관련하여 피의자 정○영을 만나러 가자는 요청을 받고 피의자 복○수와 함께 같은 날 11:00경 위 '□□' 사무실에서 피의자 정○영을 만나게 되었습니다.

(나) 피의자 김○곤이 피의자 정○영에게 이 사건 공사가 지체되는 문제 등을 보고하다가 피의자 이○진이 고소인 편을 든다는 취지로 이야기를 하자, 피의자 정○영은 피의자 이○진에게 위 사무실로 들어오게 하였고 이에 피의자 이○진은 피의자 정○영 옆으로 가 무릎을 꿇고 고개를 숙이고 있었습니다. 피의자 정○영은 고소인에게 "너 공사하면서 쓴 돈 내역서 다 가져와." 라고 말하였는데 고소인이 "그걸 왜 가져옵니까, 그렇게 되면 저의 존재가 없어지지 않습니까?" 라고 말하면서 거부하자, 테이블을 밟고 일어서서 발로 고소인의 얼굴을 찬 뒤 이어 주먹과 발로 고소인의 얼굴과 가슴 부위를 수 회 때려 고소인에게 약 2주간의 치료가 필요한 좌측 상안검 열상 등을 가하였습니다.

(다) 고소인의 왼쪽 눈 부위가 찢어져 피가 흐르자 피의자 정○영은 고소인에게 수건을 주면서 피를 닦으라고 한 뒤, 공사비 사용내역을 종이에 적어 보라고 했으나 고소인이 상세히 적지 못하자 피의자 이○우에게 고소인과 함께 가서 공사비 사용내역서를 17시까지 가져 오라고 지시하였습니다.

(라) 피의자 정○영의 지시에 따라 피의자 김○곤, 이○진, 이○우, 복○수는 고소인을 차량에 태우고 고소인의 주거지로 이동하였는데, 도중에 차량 고장으로 피의자 복○수를 제외한 피의자 김○곤, 이○진, 이○우가 청구인과 함께 택시로 고소인의 주거지까지 갔습니다. 피의자 김○곤은 고소인이 "오늘 아주 작정을 하셨네요." 라고 말하자 고소인에게 "어 오늘 작정했다. 내가 너 오늘 죽이려고 작정했다." 라고 말한 뒤 이 사건 공사 현장으로 가고, 피의자 이○진, 이○우는 고소인의 주거지에서 고소인이 공사비 사용내역을 정리할 때 고소인을 감시하였습니다.

(마) 고소인이 공사비 사용내역을 정리한 뒤 피의자 이○진, 이○우와 함께 위 '□□' 사무실로 돌아갔을 때 피의자 정○영, 김○곤이 있었는데, 피의자 정○영은 고소인에게 "너 통장에 얼마 남아 있냐?" 라고 묻고 이에 고소인이 "약 ○,○○○만 원 정도 있을 것 같습니다." 라고 말하자, 고소인에게 "그 돈을 당장 부쳐라." 라고 말한 뒤, 피의자 김○곤, 이○진, 이○우와 함께 고소인을 데리고 고소인의 주거지로 이동하여 고소인으로 하여금 ○○ 본사 계좌로 송금하게 하였고, 이에 고소인은 같은 날 ○○:○○ 고소인 회사 계좌에 있던 잔액 ○,○○○만원 중 ○,○○○만원을 인터넷뱅킹으로 ○○ 본사 계좌로 송금하였습니다. 곧이어 피의자 정○영은 고소인에게 "상기 본인은 ○○인테리어 공사대금 중 일금 ○,○○○만을 반환함과 동시에 ○○이엔엠 공사대금으로 정○영 씨가 임의로 집행하여도 민형사상 이의가 없음을 확인함." 이라는 내용의 확인서를 작성하게 한 뒤 "이 집을 내가 임의대로 처분하겠다." 라고 말하면서 고소인의 위 주거지에 대한 보증금 ○,○○○만 원의 임대차계약서를 가져갔습니다.

(5) ○○○○. ○○. ○○. 상황

○ 피의자 정○영은 ○○○○. ○○. ○○. 16:00경 이 사건 공사 현장에서 고소인에게 같은 달 ○일 11:00까지 공사대금 사용내역서를 세밀하게 적어오라고 지시하였습니다.

(6) ○○○○. ○○. ○○.상황

○ 피의자 정○영은 ○○○○. ○○. ○○. 11:00경 위 '□□' 사무실에서 고소인이 공사비 사용내역서를 내보이자 고소인에게 "너 김○곤 소장 말 잘 듣고 공사를 같이 잘 마무리하고 전체 정산할래, 아니면 ○억 ○,○○○만 원 당장 변제하고 손 털래? 둘 중에 하나 결정해라." 라고 말하고, 같은 날 15:00경 고소인과 이 사건 공사의 하수급업체 대표 5~6명을 불러놓고 "조○준이 정신을 못

차리는 사기꾼이다. 조○준과 계약 없는 것으로 하고 지금부터는 내가 직접 진행하겠다. 그렇게들 알고 ○○○○. ○○. ○○. 12:00까지 조○준과 계약 시 작성한 계약서와 받은 금액을 모두 가지고 들어와라." 라는 말을 하였습니다.

(7) ○○○○. ○○. ○○. 상황

○ 피의자 정○영은 ○○○○. ○○. ○○. 11:00경 위 '□□' 사무실에서 고소인에게 "뭘 선택했냐?" 라고 물은 뒤 고소인이 "선택의 여지가 있겠습니까, 시키는 대로 김○곤 소장 말 잘 듣고 공사 마무리하겠습니다." 라고 하자, 고소인에게 "됐다. 내가 너 같은 놈을 살려서 뭐하냐. 부르는 대로 써라!" 라고 위협한 후, "본인 조○준은 현장공사에 투입하지 않고 일금 ○억 ○,○○○만 원을 개인 용도로 사용한 사실이 있습니다. … 이에 상기인은 ○○○○년 ○○월 ○○일(○요일)까지 전액 변제하겠습니다. 부동산 임대차계약서와 차량등록증, 검사증을 보관시킵니다." 라는 내용의 확인서를 작성하게 한 뒤 고소인 명의의 자동차등록증 사본을 가져갔습니다.

라. 불 송치결정에 대한 문제점

(1) 피의자 정○영이 ○○○○. ○○. ○○. 11:00경 위 '□□' 사무실에서 고소인이 공사비 사용내역서 제출을 거부하자 고소인을 폭행한 행위, 피의자 김○곤, 이○진, 이○우가 피의자 정○영의 지시에 따라 고소인을 차량에 태우고 고소인의 주거지로 이동하여 피의자 이○진, 이○우가 고소인의 주거지에서 고소인이 공사비 사용내역을 정리할 때 고소인을 위협하면서 감시한 행위, 피의자 김○곤이 고소인에게 "어 오늘 작정했다. 내가 너 오늘 죽이려고 작정했다." 라고 말한 행위, 피의자 정○영 등이 위 '□□' 사무실에서 피의자 정○영이 고소인에게 통장에 남아 있는 돈을 송금하라고 할 때 고소인에게 위세를 보이고, 고소인과 함께 고소인의 주거지까지 이동하여 고소인이 돈을 송금할 때 고소인과 함께 있으면서 고소인에게 위세를 보인 행위 등은 고소인의 의사결

정의 자유를 제한하거나 의사실행의 자유를 방해할 정도로서 공갈죄의 폭행·협박에 해당한다고 볼 여지가 충분함에도 불구하고 이 부분에 대한 수사를 제대로 하지도 않고 불 송치결정을 한 잘못이 있습니다.

(2) 피의자 정○영 등의 폭행·협박 행위

○ 고소인이 피의자 정○영의 폭행으로 인하여 입은 상해가 2주간의 치료를 요하는 정도로 중하지 않다고 볼 여지도 있습니다. 그러나 피의자 정○영의 공사비 사용내역서 제출 요구를 거부하던 고소인이 피의자 정○영의 갑작스런 폭행 이후 피의자 정○영의 지시에 그대로 순응하였던 점, 고소인이 피의자 정○영으로부터 폭행을 당한 때부터 ○○ 본사 계좌로 ○,○○○만 원을 송금할 때까지 약 8시간 정도가 경과하였으나, 그 사이에 피의자 정○영 등은 고소인과 함께 이동하면서 고소인이 피의자 정○영의 지시에 따라 행동하도록 감시하거나 위세를 보였던 것으로 보이는 점, 고소인은 ○○○○. ○○. ○○.피의자 정○영의 폭행으로 인하여 생긴 외포심 때문에 그날부터 같은 달 ○○일까지 피의자 정○영의 지시에 대해 이 사건 공사 계약의 당사자로서 별다른 이의를 제기하지도 못했던 것으로 보이고, 피의자 정○영은 이 사건 공사 계약의 당사자로서 고소인과 이 사건 공사의 마무리 방안에 관하여 협의했다기보다는 고소인에게 자신의 의사를 일방적으로 강요했던 것으로 보이는 점, 고소인은 이 사건 공사를 도급받은 고소인 회사의 대표로서 피의자 정○영에게 공사비 사용내역을 알려줄 법률상·계약상 의무도 없을 뿐만 아니라 피의자 정○영으로부터 받은 계약금 및 1차 중도금에서 이 사건 공사를 위하여 사용하지 않은 돈을 피의자 정○영에게 반환할 법률상·계약상 의무도 없었던 것이므로, 고소인이 피의자 정○영 등의 폭행이나 협박으로 외포심을 느끼지 않았다면 피의자 정○영으로부터 수령한 이 사건 공사 대금 중 사용하지 않은 돈을 스스로 반환할 아무런 합리적 이유도 없었던 점, 고소인이 ○○ 본사 계좌로 송금한 돈○,○○○만 원이나 고소인이 ○○○○. ○○. ○○.까지 추가로 피의자 정○영에게 지급하

기로 한 돈 ○억 ○,○○○만 원의 산정 근거도 불명확한 점 등의 여러 사정에 의하면 고소인은 피의자 정○영 등의 폭행·협박으로 인하여 외포 심을 느껴 피의자 정○영의 지시에 따라 ○○ 본사 계좌로 ○,○○○만 원을 송금하고, 피의자 정○영에게 ○○○○. ○○. ○○.까지 ○억 ○,○○○만 원을 지급하겠다는 취지의 확인서를 작성해 주고, 피의자 정○영이 고소인의 주거지에 대한 임대차계약서와 고소인 명의의 자동차등록증을 가져가는 것을 수인할 수밖에 없었던 것입니다. 따라서 피의자 정○영 등의 폭행·협박 행위와 고소인의 재산처분행위 사이에는 인과관계가 존재합니다.

마. 소결

(1) 위와 같은 이유로 피의자 정○영이 고소인에게 고소인이 제출할 의무가 없는 공사비 사용내역서 제출을 요구한 것은 일반적으로 공사의 도급인이 수급인에게 할 수 있는 행위는 아님에도 불구하고 이 사건 수사를 담당한 사법경찰관은 피의자 정○영이 고소인에게 위와 같은 요구를 하게 된 경위에 관하여 추가적인 조사를 통해 피의자 정○영이 고소인에게 위와 같은 요구를 할 당시부터 고소인을 공갈하여 이미 지급한 공사대금을 돌려받는 등 재물의 교부를 받거나 재산상 이익을 취득할 고의가 있었는지 밝힐 필요가 있었습니다.

(2) 고소인이 피의자 정○영의 지시에 따라 ○○ 본사 계좌로 송금한 ○, ○○○만 원과 ○○○○. ○○. ○○.까지 지급하기로 한 돈 ○억 ○,○○만 원의 산정 근거를 밝혀 고소인이 피의자 정○영과 이 사건 공사의 마무리 방안에 관하여 자율적으로 협의한 것인지, 그렇지 않으면 고소인이 피의자 정○영 등의 폭행·협박으로 인하여 위와 같은 처분행위를 할 수밖에 없었던 것인지를 밝혔어야 합니다.

(3) 그럼에도 불구하고 이 사건의 수사를 담당한 사법경찰관은 위 (1), (2)와 같은 점들을 명확히 규명하지 않은 채 피의자 정○영 등에 대해 강도상해 및 특수강도 혐의뿐만 아니라 공갈 혐의도 없다는 취지로

이 사건 불 송치결정을 하였는바, 이는 중대한 수사미진 및 법리오해에 따른 위법 부당한 처분이라 아니할 수 없습니다.

4. 결론

이 사건 수사를 담당한 사법경찰관 경위 ○○○의 불 송치결정은 중대한 수사미진과 위증죄의 구성요건 법리오해의 잘못이 있으므로 다시 재수사의 처분이 필요하다 할 것이므로, 이에 이의신청을 제기하게 된 것입니다.

5. 이의신청 결과통지서 수령방법

종류	서면 / 전화 / 팩스 / 전자우편 / 문자메시지

6. 소명자료 및 첨부서류

(1) 수사결과 통지서(불 송치결정)   1통

○○○○ 년 ○○ 월 ○○ 일

위 이의신청인 : ○ ○ ○   (인)

전라북도 장수경찰서장 귀중

(3)불 송치 결정 이의신청서 – 정보통신망법 명예훼손죄 혐의 없음 불송치 결정 수사미진법
리오해 위법 재수사요구 의신청서 최신서식

불 송 치 결 정 이의신청서

사 건 번 호 : ○○○○년 형제○○○○호 정보통신망법 명예훼손죄

신 청 인 : ○   ○   ○

전주시 덕진경찰서장 귀중

불 송치 결정 이의신청서

1. 신청인

성 명	○ ○ ○		주민등록번호	생략
주 소	전주시 ○○구 ○○로 ○길 ○○, ○○○-○○○○호			
직 업	주부	사무실 주 소	생략	
전 화	(휴대폰) 010 - 3341 - 0000			
기타사항	이 사건 고소인 겸 이의신청 신청인입니다.			

2. 경찰 결정 내용

사건번호	○○○○년 형제○○○○호
죄 명	정보통신망법 명예훼손죄
결정내용	혐의 없음(증거불충분) 불 송치 결정

3. 이의신청 이유

신청인(이하 '고소인'이라고 줄여 쓰겠습니다)은 피고소인 ○○○(이하 '피의자'라고 하겠습니다)을 ○○○○. ○○. ○○. 전주시 덕진경찰서 ○○○○년 형제○○○ ○호 정보통신망 이용촉진 및 정보보호 등에 관한 법률 제70조 제2항 명예훼손 죄로 고소한 사건에 관하여 전주시 덕진경찰서 사법경찰관 경위 ○○○은 ○○ ○○. ○○. ○○. 피의자에게 혐의 없음(증거불충분)의 이유로 불 송치 결정을 하였는바, 이는 부당하므로 아래와 같이 이의신청을 제기합니다.

- 아   래 -

1. 사건의 개요

이의신청인(이하, 앞으로는 '고소인' 이라고 줄여 쓰겠습니다)은 ○○○○. ○
○. ○○. 피고소인(이하, 다음부터는 '피의자' 라고만 합니다)에 대하여 전주
시 덕진경찰서 ○○○○년 형제○○○○호 정보통신망 이용촉진 및 정보보호
등에 관한 법률 제70조 제2항(명예훼손죄) 거짓의 사실을 드러내어 혐의로
고소하였는바, 그 고소의 요지는 다음과 같습니다.

○ 피의자는 전주 ○○대학교 3학년 대학생인바, 피의자가 거주하는 ○○아파
트의 주민인 고소인이 ○○아파트 정문 앞에서 피의자와 그 가족들로부터
폭행당하였다는 내용의 대자보를 들고 1인 시위를 하자 고소인을 비방할
목적으로, ○○○○. ○○. ○○. ○○:○○경 전주시 ○○구 ○○로 ○○,
 ·○○에서 노트북을 이용하여 정보통신망인 인터넷 페이스북 '○○아파트
입주민 소통 공간' 페이지에 접속한 다음,

① '이 분은 이사 전 ○○아파트에서도 사람들 사이를 이간질하면서 분쟁
을 일으켰으며, 그 결과 그 아파트에서 현재 제가 살고 있는 ○○아파
트로 쫓겨나게 되었습니다.'

② '이 분은 또 다른 ○○아파트의 한 주민에게도 지금과 유사한 방식으
로 논란을 일으키기도 하셨습니다.'

라는 글을 게시함으로써 공연히 거짓의 사실을 드러내어 고소인의 명예를
훼손하였습니다.

2. 불 송치 결정의 이유요지

전주시 덕진경찰서 이 사건 수사를 담당한 사법경찰관 경위 ○○○은 위 사건
을 수사한 후 ○○○○. ○○. ○○. 피의자에 대하여 고소인의 주장이 신빙성
이 없음을 설득하는 것이고 고소인을 ○○아파트 입주민들에게 비방하려는 것
이 아닌 것으로 보아 제반 사정을 종합하여 볼 때 피의자가 이 사건 글을 게

시한 행위의 주된 목적은 공공의 관심이나 이익을 위한 것으로 볼 수 있다는 이유로 이 사건 불 송치결정을 하였습니다.

3. 불 송치결정에 대한 이의신청의 이유요지

가. 피의자 글에 대한 허위성

○ 피의자가 고소인에 대하여 작성한 글의 내용은 아래와 같습니다.

① 고소인이 기존에 살던 ○○아파트에서도 사람들을 이간질하여 분쟁을 일으켜 거주하던 ○○아파트에서 쫓겨났다는 부분,

② ○○아파트의 주민에게도 피의자에게 한 방식과 유사한 방식으로 항의하였다는 부분,

이하 '이 사건 글' 이라 합니다. 가 허위 사실인지 여부 및 피의자에게 고소인을 비방할 목적이 있었는지 여부입니다.

나. 정보통신망법 명예훼손죄의 성립요건

정보통신망 이용촉진 및 정보보호 등에 관한 법률(2008. 6. 13. 법률 제9119호로 개정된 것) 제70조 제2항의 정보통신망을 통한 허위사실 적시(거짓의 사실을 드러내어)에 의한 명예훼손죄가 성립하려면 그 적시하는 사실이 허위이어야 할 뿐 아니라, 범인이 그와 같은 사실을 적시함에 있어 적시 사실이 허위임을 인식하여야 하고, 이러한 허위의 점에 대한 인식 즉 범의에 대한 입증책임은 검사에게 있다고 판시하고 있습니다.(대법원 2009. 1. 30. 선고 2007도5836 참조)

여기에서의 '사실의 적시' 란 가치판단이나 평가를 내용으로 하는 의견표현에 대치되는 개념으로서 시간과 공간적으로 구체적인 과거 또는 현재의 사실관계에 관한 보고 내지 진술을 의미하는 것이고, 적시된 사실의 중요한 부분이 객관적 사실과 합치되는 경우에는 세부에 있어서 진실과 약간 차이가 나거나 다소 과장된 표현이 있다 하더라도 이를 거짓의 사실이라고 볼 수는 없으나, 거짓의 사실인지 여부를 판단함에 있어서는 그 적시

된 사실의 내용 전체의 취지를 살펴 객관적 사실과 합치하지 않는 부분이 중요한 부분인지 여부를 결정하여야 한다고 밝히고 있습니다(대법원 2009. 2. 12. 선고 2008도8310 참조)

또한, 정보통신망 이용촉진 및 정보보호 등에 관한 법률에서 정한 '사람을 비방할 목적'이란 가해의 의사 내지 목적을 요하는 것으로서, 사람을 비방할 목적이 있는지 여부는 당해 적시 사실의 내용과 성질, 당해 사실의 공표가 이루어진 상대방의 범위, 그 표현의 방법 등 그 표현 자체에 관한 제반 사정을 감안함과 동시에 그 표현에 의하여 훼손되거나 훼손될 수 있는 명예의 침해 정도 등을 비교, 고려하여 결정하여야 하는데, 공공의 이익을 위한 것과는 행위자의 주관적 의도의 방향에 있어 서로 상반되는 관계에 있으므로, 적시한 사실이 공공의 이익에 관한 것인 경우에는 특별한 사정이 없는 한 비방할 목적은 부인된다고 봄이 상당하다. 공공의 이익에 관한 것에는 널리 국가·사회 기타 일반 다수인의 이익에 관한 것뿐만 아니라 특정한 사회집단이나 그 구성원 전체의 관심과 이익에 관한 것도 포함하는 것이고, 행위자의 주요한 동기 내지 목적이 공공의 이익을 위한 것이라면 부수적으로 다른 사익 적 목적이나 동기가 내포되어 있더라도 비방할 목적이 있다고 보기는 어렵다고 밝히고 있습니다(대법원 2009. 5. 28. 선고 2008도8812 참조)

다. 피의자와 고소인의 관계

○ 피의자의 부 이○배, 모 이○선, 형 이○환과 함께 전주시 덕진구 ○○로길 ○○, ○○아파트(이하 '이 사건 아파트' 라 합니다)에 거주하고 있고, 고소인도 같은 아파트에 거주하고 있습니다.

라. 고소인이 피의자 등을 공동상해로 고소한 사건의 처분 경과

① 고소인은 ○○○○. ○○. ○○. '피의자의 모 이○선과 고소인이 같은 ○○아파트에 거주하고 있는 송○희의 남편 이○세가 사업이 망해 몇 년째 놀고 있다는 소문을 서로 상대방이 냈다며 다투던 중, 피의자, 이○선, 이○환이 ○○○○. ○○. ○○. ○○:○○경 이 사건 아파트

○○동 ○○층 계단에서 고소인과 송○희가 큰 소리로 다투고 있는 것을 보고, 이○선은 고소인의 머리채를 잡아 벽으로 밀치고, 피의자는 고소인의 왼쪽 발목을 밟아 움직이지 못하게 하고, 이○환은 주먹으로 고소인의 머리와 가슴 등을 수차례 때려 공동으로 고소인에게 약 3주간의 치료가 필요한 좌측 하지 만성비골 신경병증의 상해를 가하였다.' 며 피의자, 이○선, 이○환을 폭력행위 등 처벌에 관한 법률위반(공동상해) 혐의로 전주시 덕진경찰서에 고소하였습니다(덕진경찰서 ○○○○년 형제○○○○호)

② 전주지방검찰청 검사 ○○○는 ○○○○. ○○. ○○. 위 사건에 대하여 증거불충분 사유로 혐의 없음 불기소처분을 하였습니다.

③ 이에 고소인은 위 혐의 없음 결정에 불복하여 항고를 거쳐 고등법원에 재정신청을 하였으나 ○○○○. ○○. ○○.광주고등법원은 기각결정을 하였습니다.

마. 피의자가 이 사건 글을 게시

① 고소인은 ○○○○. ○○. ○○.부터 ○○.까지 ○○아파트 정문 앞에서 '피의자와 그의 가족으로부터 폭행을 당해 상해를 입었는데 수사기관에서 제대로 수사를 하지 않았다.' 는 내용의 대자보를 들고 1인 시위를 하였습니다.

② 이에 피의자는 ○○○○. ○○. ○○. ○○:○○경 노트북을 이용하여 인터넷 페이스북 '○○아파트 입주민 소통 공간' 페이지에 접속한 다음, 이 사건 글을 포함하여 고소인에 대한 글을 게시하였습니다.

바. 피의자가 게시한 글의 내용

○ 피의자가 게시한 글의 주요 내용은 아래와 같습니다.

① '이 일에 관해 ○○아파트 대표회의 측에서 이 일을 덮었다고 하는 것은 사실무근',

② '고소인의 남편과의 합의를 통해 고소를 취하하는 조건으로 ○
○아파트 정문 앞 시위에 더 이상 오지 않으시기로 했지만 오
늘 그 분은 약속을 어기고 또 ○○아파트 정문 앞에서 시위를
진행하였다.',

③ '폭행 관련 사건은 4년 전에 거짓으로 판명되어서 무혐의로 종결
되었다.',

④ '이 분은 이사 전 ○○아파트에서도 사람들 사이를 이간질하면서
분쟁을 일으켰으며 그 결과로 그 아파트에서 현재 제가 살고 있는
○○아파트로 쫓겨나게 되었다.',

⑤ '이 분은 ○○아파트 주민에게도 지금과 유사한 방식으로 논란을
일으키기도 하였다.' 는 것입니다.

사. 이 사건 글의 허위

'고소인이 이 사건 이전에도 사람들 사이를 이간질하고 분쟁을 일으켜 거
주하던 ○○아파트에서 쫓겨났다' 는 부분

○ 피의자는 이 사건 아파트 주민인 전○해로부터 '고소인이 이전에 거
주하던 ○○아파트에서도 주민들과 문제를 일으켜 현재 거주하고 있
는 ○○아파트로 이사를 왔다' 는 이야기를 듣고 이를 게시한 것이
라고 주장합니다.

○ 고소인이 동일한 주장을 반복하며 ○○아파트 정문 앞에서 1인 시위
를 하는 것에 대응하여, 고소인을 비방할 목적으로 있지도 않은 허위
의 사실을 조작하여 적시한 것이므로 공공의 관심이나 이익에 관한
것이 아닙니다.

○ 또한, 피의자가 이 사건 글을 게시한 인터넷 게시판은 ○○아파트 입
주민들의 편의를 위한 소통공간으로서 상대방의 범위가 제한되지 않고
그 표현방법도 고소인의 주장이 신빙성이 없음을 설득하는 것이 아니

므로 고소인을 ○○아파트 입주민들에게 의도적으로 비방하려고 허위의 사실을 적시한 것입니다.

아. 소결

결국 이 사건을 수사를 담당한 사법경찰관 경위 ○○○은 피의자가 게시한 이 사건 글의 내용이 허위(거짓의 사실을 드러내어)인지 여부 등에 대한 수사를 제대로 하지 아니한 채 피의자의 정보통신망 이용촉진 및 정보보호 등에 관한 법률위반(명예훼손죄) 혐의는 고소인의 주장이 신빙성이 없음을 설득하는 것이고 고소인을 ○○아파트 입주민들에게 비방하려는 것이 아닌 것으로 보아 제반 사정을 종합하여 볼 때 피의자가 이 사건 글을 게시한 행위의 주된 목적은 공공의 관심이나 이익을 위한 것으로 볼 수 있다고 인정하고 이 사건 불 송치결정을 하였는바, 이는 수사미진 으로 인한 법리오해의 잘못이 있습니다.

4. 결론

이 사건 사법경찰관 ○○○의 불 송치결정은 중대한 수사미진과 정보통신망 이용촉진 및 정보보호 등에 관한 법률 제70조 제2항 명예훼손죄의 구성요건 법리오해의 잘못이 있으므로 다시 적정한 보완수사와 상응하는 재수사의 처분이 필요하다 할 것이므로, 이에 이의신청을 제기하게 된 것입니다.

5. 이의신청 결과통지서 수령방법

종류	서면 / 전화 / 팩스 / 전자우편 / 문자메시지

6.소명자료 및 첨부서류

(1) 수사결과 통지서(고소인 등 불 송치)   1통

○○○○ 년 ○○ 월 ○○ 일

위 이의신청인 : ○   ○   ○   (인)

전주시 덕진경찰서장 귀중

불 송치 결정 이의신청서

사 건 번 호 : ○○○○년 형제○○○○호 정보통신망법 명예훼손죄

신 청 인 : ○   ○   ○

전라남도 순천경찰서장 귀중

불 송치 결정 이의신청서

1. 신청인

성 명	○ ○ ○	주민등록번호	생략
주 소	전라남도 순천시 ○○로 ○○길 ○○, ○○○호		
직 업	개인사업	사무실 주 소	생략
전 화	(휴대폰) 010 - 6654 - 0000		
기타사항	이 사건 고소인 겸 이의신청 신청인입니다.		

2. 경찰 결정 내용

사건번호	○○○○년 형제○○○○호
죄 명	정보통신망법 명예훼손죄
결정내용	혐의 없음(증거불충분) 불 송치 결정

3. 이의신청 이유

신청인(이하 '고소인'이라고 줄여 쓰겠습니다)은 피고소인 ○○○(이하 '피의자'라고 하겠습니다)을 ○○○○. ○○. ○○. 전라남도 순천경찰서 ○○○○년 형제○○ ○○호 정보통신망 이용촉진 및 정보보호 등에 관한 법률 제70조 제1항 명예훼손죄로 고소한 사건에 관하여 전라남도 순천경찰서 사법경찰관 경위 ○○○은 ○○○○. ○○. ○○. 피의자에게 혐의 없음(증거불충분)의 이유로 불 송치 결정을 하였는바, 이는 부당하므로 아래와 같이 이의신청을 제기합니다.

- 아   래 -

1. 사건의 개요

가. 이의신청인(이하, 앞으로는 '고소인' 이라고 줄여 쓰겠습니다)은 주식회사 ○○(이하, 다음부터 '○○' 라고 합니다) 투자자 피고소인(이하, 다음으로는 '피의자' 라고 하겠습니다)과 투자 상담자 고소 외 ○○○의 권유로 ○○주식 ○○만 주를 ○○○,○○○,○○○원에 매각한 사실이 있는데 피고소인은 ○○○○. ○○. ○○. 인터넷 카페 '○○주주' 게시판에 아래의 글을 게시함으로써 공연히 거짓의 사실을 드러내어 고소인의 명예를 훼손하여 고소인은 피고소인을 ○○○○. ○○. ○○. 강원도 춘천경찰서 ○○○○년 형제○○○○호 정보통신망 이용촉진 및 정보보호 등에 관한 법률 제70조 제2항 명예훼손죄로 고소하였습니다.

(1) 피고소인은 ○○○○. ○○. ○○.인터넷 네이버 카페 '○○주주' 게시판에 "○○공장 방문을 다녀온 후의 느낌? 하루빨리 고소해야" 라는 제목으로 "○○○○. ○○. ○○.오후에 ○○회사를 주주 몇 명과 함께 현재 회사 책임을 지고 있는 전무를 만나고 왔습니다. 당일 주주명부를 보고 왔습니다. 저는 깜짝 놀랐습니다. 현재 총주식수는 1억 주이고, 전임회장인 이○재의 주식 수는 15,000주였고, 최○범의 이름으로 된 주식은 한 주도 없었고, 최○범의 모친 이름인 설○순은 1,500주만 갖고 있는 상태였습니다. 이것만 보아도 처음 주식을 팔아먹을 때부터 이○재, 최○범은 사기를 치기로 서로 공모를 하였다고 볼 수가 있습니다. 처음부터 주식 수를 뻥튀기해서 무지한 사람들을 속여 주식을 마음먹은 대로 팔아먹고 먹튀를 한 것입니다. 이러한 사실을 지켜만 보고 있을 것입니까. 현재 이○재, 최○범의 사기, 배임, 횡령 등의 문제점을 밝히려고 데이터를 모집하고 있는데 지켜만 보거나 닦달만 하지 마시고, 저에게 아래와 같은 내용을 서술체 형식으로 이메일로 보내주시기 바랍니다." 라는 글을 게시하였습니다.

(2) ○○○○. ○○. ○○. 위 '○○주주' 게시판에 "현 주주명부 및 주식사

기판매의 스토리"라는 제목으로 "이 주식판매 사기극의 최대 수혜자인 이○재 전임회장, 그리고 수혜자이고 자칭 주식 사기판매의 귀재인 최○범 전 주식 담당이사의 현재 각각의 지분 내용입니다. ○○의 주식수가 처음에 5,000 주(○○○○. ○○. ○○.) → 50,000 주(○○○○. ○○. ○○.) → 200,000만 주(○○○○. ○○. ○○.) → 250,000만 주(○○○○. ○○. ○○.) → 300,000맞 주(○○○○. ○○. ○○.) → 600,000만 주(○○○○. ○○. ○○.)로 고무줄 늘리듯이 늘려 나갔으며 아마 자본금 증자할 때에 초기에 저희 돈을 받아서 자본금 증자를 하였고, 어느 정도 자본금을 늘리게 되자 이번에는 주식수를 100배로 뻥 튀겨서100원짜리 주식을 50,000원 가네 100,000원 갈 것이네 하면서 온갖 사탕발림의 거짓말을 하면서 순진한 주주들을 꼬여서 주식을 사게 만들었던 것입니다. 최○범은 수억의 돈과 약 70만 주 이상의 주식을 갖고 있다고 자랑했었는데 지금은 한 주도 없이 다 팔아 쳐 먹었고, 이○재는 저에게 ○○○○. ○○. ○○.에 500,000,000원 어치를 사달라고 연락을 해왔습니다. 주주명부상에는 이○재 본인 이름으로 된 주식은 고작 15,000주뿐입니다. 처음부터 이○재, 최○범은 주식을 팔아먹기 위해서 작당을 하여 정해진 각본대로 불법적인 수순을 밟아왔고, 순진하고 정직한 사람인 것처럼 자기들을 과대포장을 잘 해서 무지한 주주들에게 사기 행각을 벌인 것입니다." 라는 글을 게시하였습니다.

나. 이로써 피고소인은 위 ①, ②와 같이 2회에 걸쳐 사람을 비방할 목적으로 정보통신망을 통하여 공공연하게 고소인의 명예를 훼손하였습니다.

2. 불 송치 결정의 이유요지

○ 이 사건 수사를 담당한 전라남도 순천경찰서 경위 ○○○은 이 사건에 대하여 수사한 후, 피의자에 대한 피의사실을 인정하면서, 동종 전과가 없는 점, 피해자들의 권유로 투자를 했다가 피해를 입게 되자 본건에 이르게 된 점, 주주들에게 사정을 알리고 의견을 모으기 위한 의도도 포함된 것으로 보이는 점, 본건 카페의 게시 글은 실질적으로 회원가입 주주들을

대상으로 한 것인 점 등 정상 참작 사유가 있다는 이유로 ○○○○. ○○. ○○.혐의 없음 불 송치결정을 하였습니다.

3. 이의신청의 이유요지

　가. 피고소인이 고소인과 투자 상담자 고소 외 최○범을 고소한 사기사건의 혐의가 확정되지 않은 상황에서 개인적 피해를 보상받기 위해 주주들을 선동하는 내용의 글을 게시한 것이므로 순수한 공익적 의도였다고 평가하기 어렵습니다.

　나. 정보통신망 이용촉진 및 정보보호 등에 관한 법률 제70조 제1항 명예훼손죄 성립요건

　○ 정보통신망 이용촉진 및 정보보호 등에 관한 법률 제70조 제1항은 "사람을 비방할 목적으로 정보통신망을 통하여 공공연하게 거짓의 사실을 드러내어 다른 사람의 명예를 훼손한 자는 3년 이하의 징역이나 금고 또는 2천만 원 이하의 벌금에 처한다." 라고 규정하고 있으므로 이 규정 위반으로 인한 '정보통신망 이용촉진 및 정보보호 등에 관한 법률' 위반죄가 성립하려면 사람을 '비방할 목적' 이 요구되므로 피고소인에게 '사람을 비방할 목적' 을 인정할 수 있습니다.

　다. 증거관계

　　(1) 고소인이 주식매매계약 당시 존재하지도 않은 주식이 있다고 속여 주식을 판매한 후 사전에 알리지도 않고 주당 1만 원에서 100원으로 주식수를 100배로 늘리는 액면분할을 실시하여 주식 가치가 떨어지도록 하고도 분할된 비율만큼 추가로 주식을 지급하지 않았을 뿐만 아니라 투자를 권유하면서 설명했던 내용들도 실현되지 않아 피해를 입었다며 고소인과 고소 외 투자 상담자 최○범을 사기죄로 고소하였습니다.

　　(2) 피고소인은 투자 상담자 최○범에 대한 수사가 진행되고 있는 상태에

서 ○○○○. ○○. ○○. 몇 몇 주주들과 함께 ○○를 방문하여 주식 보유 및 주식변동 상황을 확인하였는데, 정작 고소인과 최○범은 주식을 거의 보유하지 않고 있었을 뿐만 아니라 종전 주식도 급격하게 액면 분할하여 가치를 크게 떨어뜨린 사실을 발견하고 다른 투자자들에게도 사실을 알리면서 피해사례를 수집하고 공동으로 대응하고자 글을 올리게 된 것입니다.

(3) 피고소인은 ○○○○. ○○. ○○. 정보 교환을 통해 ○○ 주주들의 주권보호와 이익을 도모할 목적으로 '○○주주' 카페를 개설하였습니다. 이 사건 글을 게시한 후 ○○와 무관한 일반인의 글이 게시될 정도로 개방형으로 카페를 운영하였습니다.

(4) 피고소인이 '○○주주' 카페 게시판에 게시한 ○○ 주식보유 및 주식변동에 관한 사항은 전혀 사실과 다른 것입니다. 피고소인이 불법이라고 주장하는 액면분할은 합법적 방법에 의한 정상적인 액면분할로서 피고소인을 비롯한 수많은 투자자들도 주식을 매수할 당시 이미 액면분할이 예정된 사실을 알고 있었습니다.

(5) ○○는 세계적인 기술력을 보유한 우량기업으로 일본의 기업과도 임가공 계약을 체결하는 등 꾸준히 매출이 향상되어 주가가 오르고 있었는데 ○○○○년 전세계적으로 코로나-19 바이러스라는 예측하지 못한 악재로 타격을 입고 주식가치가 떨어지게 된 것입니다.

(6) 고소인이 ○○○○. ○○. ○○.경 피고소인이 게시 한 이 사건 글을 처음 발견했을 당시에는 회원 가입 없이 누구나 글을 볼 수 없었습니다. 피고소인에게 전화를 걸어 주주들을 선동하지 말고 직접 연락을 달라고 하였는데도 피고소인으로부터 아무 연락이 없어 이 사건 고소를 하게 되었습니다.

(7) 피고소인이 고소인과 고소 외 최○범을 사기죄로 고소한 사건의 판결문에 따르면 다음과 같은 사실이 확인됩니다.

(가) ○○는 ○○○○. ○○. ○○.알루미늄 소재의 피막처리 등의 사업을 영위하기 위하여 초기 자본금 5,000만 원으로 이○재 등에 의해 설립되었다가, ○○○○. ○○. ○○.자본의 총액 5억 원, 발행주식 총수 5만 주(1주의 금액 1만 원)로 증자되었다.

(나) 고소인은 ○○○○. ○○. ○○.부터 최○범을 통해 모집한 투자자들에게 액면분할 예정인 액면가 100원의 신주 약 120만 주를 매각하여 자금 31억 2,560만 원을 조달하였다. 이 과정에서 피고소인도 ○○ 주식 30만 주를 합계 ○○○,○○○,○○○원에 매수하였다.

(다) ○○는 ○○○○. ○○. ○○.로 자본의 총액 ○○억 원, 발행주식의 총수 21만 1,213주(1주의 금액 1만 원)로 변경등기한 데 이어, ○○○○. ○○. ○○.액면가 1만 원인 발행주식의 총수 21만 1,213주를 액면가 100원인 발행주식의 총수 2,112만 1,300주로 액면 분할하였고, 이후 2차례의 증자 결과 ○○○○. ○○. ○○.자본의 총액은 32억원, 발행주식의 총수는 3,200만 주(1주의 금액 100원)가 되었다.

(라) ○○○○. ○○. ○○.경 코로나-19 바이러스가 발생하였고, 그 무렵 장외시장에서 거래되는 ○○의 주식가치도 하락하였다.

(마) 피고소인은 ○○○○. ○○. ○○. 최○범을 사기 혐의로 고소하였고, 최○범은 ○○○○. ○○. ○○. 불구속 기소되었는데, ○○○○. ○○. ○○.제1심은 '주식매매 당시 발행 주식이 5만 주에 불과한데도 그 이상인 30만 주를 매도한 것과 ○○의 발전가능성을 부풀린 것은 기망에 해당한다' 는 취지로 징역 3년의 실형을 선고하였다. 그러나 ○○○○. ○○. ○○. 항소심에서는 '이미 발행된 주식이 아닌 분할 예정인 주식을 미리 매도한 것으로서 피고소인도 분할이 예정된 사실을 알았던 것으로 보이고, ○○의 발전 가능성을 다소 과장했다 하더라도 당시 ○○의 기술과 영업

실적 등에 비추어 보면 신의 성실의 의무를 저버릴 정도의 기망 행위에 해당하지는 않는다' 는 취지로 무죄를 선고하였고, 이 무죄 판결은 ○○○○. ○○. ○○.대법원에서 확정되었습니다.

(8) 소결

(가) '사람을 비방할 목적' 이란 가해의 의사 내지 목적을 요하는 것으로서, 사람을 비방할 목적이 있는지 여부는 당해 적시 사실의 내용과 성질, 당해 사실의 공표가 이루어진 상대방의 범위, 그 표현의 방법 등 그 표현 자체에 관한 제반 사정을 감안함과 동시에 그 표현에 의하여 훼손되거나 훼손될 수 있는 명예의 침해 정도 등을 고려하여 결정하여야 한다. '사람을 비방할 목적' 이란 공공의 이익을 위한 것과는 행위자의 주관적 의도의 방향에 있어 서로 상반되는 관계에 있으므로 적시한 사실이 공공의 이익에 관한 것인 경우에는 특별한 사정이 없는 한 비방할 목적은 부인된다고 봄이 상당하다. 공공의 이익에 관한 것에는 널리 국가·사회 기타 일반 다수인의 이익에 관한 것뿐만 아니라 특정한 사회집단이나 그 구성원 전체의 관심과 이익에 관한 것도 포함하는 것이고, 행위자의 주요한 동기 내지 목적이 공공의 이익을 위한 것이라면 부수적으로 다른 사익 적 목적이나 동기가 내포되어 있더라도 비방할 목적이 있다고 보기는 어렵다(대법원 2010. 11. 25. 선고 2009도12132 판결; 대법원 2009. 5. 28. 선고 2008도8812 판결; 대법원 2008. 6. 12. 선고 2008도 1421 판결 등 참조).

(나) 피고소인이 '○○주주' 게시판에 2차례에 걸쳐 게시한 이 사건 게시 글은 최○범의 권유에 따라 ○○에 자금을 투자한 피고소인이 다른 주주들도 이미 알고 있는 것을 마치 고소인과 최○범의 사기로 피해를 입은 것처럼 선동한 것은 피고소인이 다른 피해자들을 우선하여 먼저 피해를 변제받기 위한 수단에 불과한 것입니다.

(다) 게시된 글 중에 '주식판매 사기극', '사기극의 최대 수혜자', '자칭 주식 사기판매의 귀재' 와 같은 단정적이고 감정적인 표현이 일부 포함되어 있는 것과 이미 고소인은 피고소인의 고소로 무죄가 선고된 사실을 전혀 언급하지 않은 것은 사기를 당한 것으로 볼 수밖에 없다는 선동하기 위한 것으로밖에 보이지 않습니다. 그러므로 피고소인의 표현이 곧 비방의 목적을 추단하는 결정적 자료입니다.

(라) '○○주주' 카페에 이 사건 글을 게시한 이후 지금까지 ○○주주 회원들을 비롯하여 일반인도 언제든지 볼 수 있도록 카페 운영 방식을 전혀 변경하지 않았기 때문에 일반 인터넷 사용자들에게까지 무분별하게 노출될 위험이 높아 공표가 이루어진 상대방의 범위가 넓다고 할 수 있으므로 피고소인이 일반인들의 접근을 차단하지 않아 피고소인은 고소인을 비방의 목적을 가지고 있었습니다.

(마) 이 사건 수사를 담당한 사법경찰관 경위 ○○○은 이와 같이 비방의 목적에 관한 법리를 오해하거나 그에 관한 증거관계를 충분히 검토하지 아니한 채 바로 '정보통신망 이용촉진 및 정보보호 등에 관한 법률' 제70조 제1항 명예훼손죄가 성립하지 않는다고 이를 전제로 혐의 없음 불 송치결정을 한 것은, 그 결정에 영향을 미친 중대한 법리 오해 내지 증거판단의 잘못이 있습니다.

4. 결론

이 사건 사법경찰관 ○○○의 불 송치 결정은 중대한 수사미진과 정보통신망 이용촉진 및 정보보호 등에 관한 법률 제70조 제1항 명예훼손죄의 비방할 목적 법리오해의 잘못이 있으므로 다시 사법경찰관에게 재수사의 처분이 필요하다 할 것이므로, 이에 이의신청을 제기하게 된 것입니다.

4.이의신청 결과통지서 수령방법

종류	서면 / 전화 / 팩스 / 전자우편 / 문자메시지

5.소명자료 및 첨부서류

    (1) 수사결과 통지서(고소인 등 불 송치)   1통

○○○○ 년 ○○ 월 ○○ 일

위 이의신청인 : ○ ○ ○ 　 (인)

전라남도 순천경찰서장 귀중

불 송치 결정 이의신청서

사 건 번 호 : ○○○○년 형제○○○○호 정보통신망 개인정보 누설

신 청 인 : ○   ○   ○

청주시 ○○경찰서장 귀중

불 송치 결정 이의신청서

1. 신청인

성 명	○ ○ ○		주민등록번호	생략
주 소	청주시 ○○구 ○○로 ○길 ○○, ○○○-○○○○호			
직 업	상업	사무실 주 소	생략	
전 화	(휴대폰) 010 - 7700 - 0000			
기타사항	이 사건 고소인 겸 이의신청 신청인입니다.			

2. 경찰 결정 내용

사건번호	○○○○년 형제○○○○호
죄 명	정보통신망법 개인정보 누설
결정내용	혐의 없음(증거불충분) 불 송치 결정

3. 이의신청 이유

이의신청인(이하'고소인'이라고 줄여 쓰겠습니다)은 피고소인 ○○○(이하'피의자'라고 하겠습니다)을 ○○○○. ○○. ○○. 청주시 ○○경찰서 ○○○○년 형제○○○○호 정보통신망법 개인정보 누설 혐의로 고소한 사건에 관하여 청주시 ○○경찰서 사법경찰관 경위 ○○○은 ○○○○. ○○. ○○. 피의자에 대하여 혐의 없음(증거불충분)의 이유로 불 송치 결정을 하였는바, 이는 부당하므로 아래와 같이 이의신청을 제기합니다.

- 아 래 -

1. 사건의 개요

   가. 이의신청인(이하, 앞으로는 '고소인' 이라고 줄여 쓰겠습니다)은 ○○○○. ○○. ○○. 피고소인(이하, 다음으로는 '피의자' 라고만 하겠습니다)을 정보통신망 이용촉진 및 정보보호 등에 관한 법률(이하 '정보통신망법' 이라고만 합니다)위반 혐의로 충청북도 청주시 ○○경찰서 ○○○○년 형제○○○○호로 고소하였습니다.

   그 피의사실의 요지는 다음과 같습니다.

   ○ 피의자는 ○○○○. ○○. ○○. 및 ○○○○. ○○. ○○.경 고소인의 동의를 받지 않은 수술 전후 사진을 인터넷 블로그에 게재되게 하여 개인정보를 누설하였습니다.

   나. 이 사건의 수사를 담당한 ○○경찰서 사법경찰관 경위 ○○○은 수사한 결과 ○○○○. ○○. ○○. 피의자에 대한 범죄혐의 인정되지 않는다는 이유로 아래와 같이 불송치 결정을 하였습니다.

2. 불송치결정이유의 요지

   가. 고소인은 이전에 동일한 피해사실을 이유로 하여 피의자를 상대로 손해배상청구소송을 제기함과 동시에 형사고소 하였다가 피의자로부터 ○○○만 원을 지급받고, 고소취하, 처벌불원서 제출 및 추후 민, 형사상 이의를 제기하지 않기로 조정을 하였으므로 이 사건 피의사실은 위 조정 성립 이전에 발생한 일로서 피의자와 고소인 사이에 조정이 성립된 이상 고소인의 양해가 있었다고 보아야 하므로 고소인의 동의를 받지 않은 수술 전후 사진을 인터넷 블로그에 게재되게 하여 개인정보를 누설하였다 하더라도 형사처벌의 실익이 없다.

   나. 또한 피의자는 위와 같은 조정이 성립된 이후 광고대행업체에 고소인의

사진을 내리라고 지시하였으므로 정보통신망법위반의 고의가 인정되지 않고, 정보통신망법은 과실범을 처벌하는 규정을 두고 있지 아니하므로 피의자는 정보통신망법위반의 책임을 지지 아니하므로 혐의없음의 이유로 불송치 결정을 한다는데 있습니다.

3. 이의신청의 요지

　가. 피의자는 청주시 ○○구 ○○로 ○○에 있는 '○○ 이비인후과'(이하 '이 사건 의원' 이라 하겠습니다)을 운영하는 의사이고, 고소인은 ○○○○. ○○. ○○. 이 사건 의원에서 코 성형수술을 받은 사람입니다.

　나. 피의자는 수술 전후 비교를 위하여 고소인의 얼굴을 대대적으로 촬영하였고, 위 사진은 이 사건 의원에서 개설·운영하는 인터넷 블로그에 게재되었습니다.

　다. 고소인은 피의자가 동의를 받지 아니하고 수술 전후 사진을 홍보 목적으로 인터넷 블로그에 게재하였음을 이유로 하여 ○○○○. ○○. ○○. 형사고소(청주시 ○○경찰서 ○○○○년 형제○○○○호)함과 동시에 ○○○○. ○○. ○○. 피의자를 상대로 손해배상청구소송을 제기하였고(청주지방법원 ○○○○가소○○○○호), 위 소송 계속 중인 ○○○○. ○○. ○○. 고소인과 피의자 사이에 조정(청주지방법원 ○○○○머○○○○호 이하 '이 사건 조정' 이라 합니다)이 성립되었습니다.

　라. 고소인은 이 사건 조정에 따라 고소를 취소하였고, 청주지방검찰청 검사 ○○○는 ○○○○. ○○. ○○. 피의자의 업무상비밀누설, 개인정보보호법위반, 정보통신망법위반(정보통신망침해 등), 의료법위반, 명예훼손 혐의에 대하여 각하 처분을 하였습니다.

　마. 고소인은 이 사건 조정 당시 피의자가 게재한 사진을 당연히 삭제하고 재발방지를 약속하였으므로 이를 믿고 조정에 이르렀는데 여전히 수술 전후 사진이 버젓이 인터넷 블로그에 게재되어 있었고 피의자에게 당장

내려달라고 하고 삭제를 요구하였음에도 불구하고 이에 아랑곳하지 않아 고소인은 하는 수 없이 ○○○○. ○○. ○○. 다시 피의자를 상대로 형사고소 하였습니다.

바. 이 사건 수사를 담당한 청주 ○○경찰서 사법경찰관은 ○○○○. ○○. ○○.피의사실 중 의료법 제88조, 제19조(정보누설금지) 위반은 친고죄, 명예훼손은 반의사불벌죄로서, 위 청주지방검찰청 ○○○○년 형제 ○○○○호 사건 당시 고소인의 고소취소 및 처벌불원의사가 있었음을 이유로 공소권 없음 결정하고 정보통신망법위반에 대하여는 불송치 결정을 하였습니다.

4. 불송치 결정에 대한 불복의 요지

가. 정보통신망법 제71조 제5호는 제28조의2 제1항을 위반하여 이용자의 개인정보를 누설한 자를 처벌하도록 규정하고 있습니다,

같은 법 제28조의2 제1항(2016. 3. 22. 법률 제14080호로 개정되기 전의 것, 이하 '이 사건 근거조항' 이라 합니다)은 "이용자의 개인정보를 취급하고 있거나 취급하였던 자는 직무상 알게 된 개인정보를 훼손·침해 또는 누설하여서는 아니 된다." 고 규정하고 있습니다.

피의자는 정보통신망법 제2조 제1항 제3호에서 정한 '정보통신서비스 제공자' 입니다.

고소인은 정보통신망법 제2조 제1항 제4호에서 정한 '이용자' 입니다.

피의자가 고소인에 대한 관계에서 '고소인의 개인정보를 취급하였던 자로서 직무상 알게 된 고소인의 개인정보' 를 누설하였으므로 피의자를 정보통신망법 제71조 제5호는 제28조의2 제1항에 의하여 처벌하도록 규정하고 있습니다.

나. 피의자는 '정보통신서비스 제공자' 입니다.

정보통신망법 제2조 제1항 제3호는 "'정보통신서비스 제공자' 란「전기통

신사업법」제2조 제8호에 따른 전기통신사업자와 영리를 목적으로 전기통신사업자의 전기통신역무를 이용하여 정보를 제공하거나 정보의 제공을 매개하는 자를 말한다.”고 규정하고 있습니다.

위에서 인정한 사실에 의하면, 피의자는 피부과 의사로서 의원 홍보를 위하여 광고 등을 할 목적으로 인터넷 블로그를 개설·운영하였고, 위 인터넷 블로그에 코 성형수술 전후의 고소인의 사진을 게재하였는바, 이는 피의자의 영리의 목적, 즉 널리 경제적인 이익을 취득할 목적으로 자신의 정보를 정보통신망에 게시하거나 정보의 유통이 가능하도록 연결시켜 주는 행위를 한 것이므로, 피의자는 정보통신망법 제2조 제1항 제3호 소정의 ‘정보통신서비스 제공자’에 해당합니다.

다. 고소인은 ‘이용자’에 해당합니다.

정보통신망법 제2조 제1항 제4호는 “‘이용자’란 정보통신서비스 제공자가 제공하는 정보통신서비스를 이용하는 자를 말한다.”고 규정하고 있는바, 여기에서 규정하고 있는 ‘이용자’란 자신의 개인정보를 수집하려고 하는 정보통신서비스 제공자로부터 정보통신서비스를 제공받아 이를 이용하는 관계를 전제로 한다(대법원 2013. 10. 17. 선고 2012도4387 판결 참조).

고소인은 피의자로부터 코 성형수술을 받으면서 개인정보를 기재하여 위 성형수술 전후에 걸쳐 피의자 운영의 인터넷 블로그에 회원으로 가입하였고 또한 위 인터넷 블로그에 접속하여 상담을 하거나 진료예약을 하는 등 서비스를 이용한 사실이 있습니다.

따라서 피의자는 고소인으로부터 정보통신서비스를 제공받아 이를 이용하는 관계에 있으므로 정보통신망법 제2조 제1항 제4호 및 이 사건 근거조항의 고소인은 ‘이용자’에 해당합니다.

라. 한편, 이 사건에서 문제된 고소인의 사진은 피의자의 위 인터넷 블로그를 통해 수집한 정보로서 순수하게 오프라인(off-line) 의료행위(코 성형수술) 과정에서 수집·취득한 것이므로 피의자가 정보통신서비스 제공자로서 고

소인의 개인정보를 취급하는 과정에서 '직무상 알게 된 개인정보' 입니다.

이 사건 수사를 담당한 ○○경찰서 사법경찰관 경위 ○○○은 불송치결정 이유에서 피의자가 정보통신서비스 제공자로서 고소인의 개인정보를 취급하는 과정에서 '직무상 알게 된 개인정보' 로 인정할 만한 아무런 자료가 없다는 이유로 불송치결정을 한 잘못이 있습니다.

마. 소결론

결국 사법경찰관 ○○○은 정보통신망법상 '이용자' 내지 이 사건 근거조항에 대한 법리오해에 기초하여 피의자와 고소인의 이 사건 인터넷 블로그의 이용관계에 관하여 제대로 수사하지 아니한 채 피의자에게 이 사건 근거조항 위반혐의를 인정하지 않고 이 사건 불송치결정을 하였는바, 이는 자의적인 결정에 해당하고, 그로 말미암아 정보통신망법의 법리를 오해한 위법이 있습니다.

5. 결론

이 사건 수사를 담당한 청주시 ○○경찰서 사법경찰관 경위 ○○○의 불 송치결정은 그 결정에 영향을 미친 중대한 정보통신망법의 법리를 오해한 위법과 수사미진의 잘못이 있으므로 다시 사법경찰관에게 재수사의 처분이 필요하다 할 것이므로, 이에 이의신청을 제기하게 된 것입니다.

4. 이의신청 결과통지서 수령방법

종류	서면 / 전화 / 팩스 / 전자우편 / 문자메시지

5. 소명자료 및 첨부서류

(1) 수사결과 통지서(불 송치결정)   1통

○○○○ 년 ○○ 월 ○○ 일

위 이의신청인 : ○ ○ ○   (인)

청주시 ○○경찰서장 귀중

(6)불 송치 결정 이의신청서 – 위증죄 수사미진 위증죄 법리오해 불송치 결정 검사에게 재
수사요구 이의신청서 최신서식

불 송치 결정 이의신청서

사 건 번 호 : ○○○○년 형제○○○○호 위증죄

신　 청　 인 : ○　　　　○　　　　○

광주광역시 ○○경찰서장 귀중

불 송 치 결 정 이의신청서

1. 신청인

성 명	○ ○ ○		주민등록번호	생략
주 소	광주시 ○○구 ○○로 ○길 ○○, ○○○-○○○○호			
직 업	개인사업	사무실 주 소	생략	
전 화	(휴대폰) 010 - 4456 - 0000			
기타사항	이 사건 고소인 겸 이의신청 신청인입니다.			

2. 경찰 결정 내용

사건번호	○○○○년 형제○○○○호
죄 명	위증죄
결정내용	혐의 없음(증거불충분) 불 송치 결정

3. 이의신청 이유

신청인(이하'고소인'이라고 줄여 쓰겠습니다)은 피고소인 ○○○, ○○○(이하'피의자'라고 하겠습니다)을 ○○○○. ○○. ○○. 광주광역시 ○○경찰서 ○○○○년 형제○○○○호 위증죄로 고소한 사건에 관하여 광주광역시 ○○경찰서 사법경찰관 경위 ○○○은 ○○○○. ○○. ○○. 피의자들에 대하여 혐의 없음(증거불충분)의 이유로 불 송치결정을 하였는바, 이는 부당하므로 아래와 같이 이의신청을 제기합니다.

- 아 래 -

1. 사건의 개요

가. 고소인은 ○○○○. ○○. ○○. 광주시 ○○경찰서에 피고소인 정○엽과 이○희를 위증죄로 고소하였는바, 그 고소사실의 요지는 아래 2.의 가. 기재와 같습니다.

2. 고소사실 및 불기소이유의 요지

가. 고소사실의 요지

피고소인 정○엽은 광주시 ○○구 ○○로 ○○, 5일 시장에서 상업에 종사하는 자, 같은 이○희는 고소 외 조○자의 올케인 바,

① 피고소인 정○엽은 ○○○○. ○○. ○○. 광주지방법원 제○○○법정에서 위 법원 ○○○○가소○○○○호 원고 이○순(고소인), 피고 조○자 간의 대여금사건의 피고 측 증인으로 출석하여 선서하고 증언함에 있어 사실은 ○○○○. ○○. ○○. ○○:○○경 광주시 ○○구 ○○로 ○○, 5일시장에서 위 조○자가 고소인에게 차용금 ○○○만원을 변제하는 것을 목격한 사실이 없음에도 불구하고, "피고는 ○○○○. ○○. ○○. ○○:○○경 광주시 ○○구 ○○로 ○○, 5일시장에서 증인 및 사과장사를 하는 소외 이○숙이 있는 자리에서 피고가 원고로부터 빌린 돈 ○,○○○만원 중 우선 ○○○만원을 변제한다면서 원고에게 건네주었다. ○○○○. ○○. ○○. ○○:○○경 원고가 피고에게 ○,○○○만원을 변제하라고 했는데, 피고가 검은 비닐종이에 현금 ○뭉치를 담아 ○○○만원을 변제하는 것을 보았다"고 허위 공술하여 위증하고,

② 피고소인 이○희는 ○○○○. ○○. ○○. 광주지방법원에서 위 사건의 항소심인 위 법원 ○○○○나○○○○호 사건의 피고 측 증인으로 출석하여 선서하고 증언함에 있어 사실은 위 조○자가 고소인에게 차용금 ○○○만원을 변제하고 이를 피고소인의 장부에 정리하라고 한 사

실이 없음에도 불구하고, "피고가 증인에게 와서 '원고가 ○,○○○만원을 달라고 하여 우선 ○○○만원을 갚았으니 적어라'고 하여, 증인이 장부에 '○○○만원 갚음'이라고 기재한 사실이 있다"고 허위 공술하여 위증하였습니다.

나. 불 송치결정 이유의 요지

피고소인들은 사실대로 진술하였을 뿐 위증한 바 없다고 변소하는데 반하여, 고소인은 ○○○○. ○○. ○○. ○○:○○경에는 김장새우를 구입하기 위하여 남광주시장(광주광역시 소재)에 있는 최○순 경영의 점포에 간 사실이 있어 그 시경 광주시 ○○구 ○○로 ○○, 5일시장에서 고소 외 조○자로부터 ○○○만원을 변제받았다는 것은 이치에 맞지 아니한다고 주장하면서 이를 확인하는 최○순의 진술서를 제출하였으나 최○순은 위 진술서가 단지 추측에 의한 것이라고 진술하여 고소인의 주장을 인정할 만한 뚜렷한 증거가 되지 못하고 고소인의 진술 이외에 피고소인들이 위증하였다고 볼 자료가 없으므로 그들에 대한 위증죄는 혐의 없으므로 불 송치결정을 한다는데 있습니다.

3. 이의신청의 이유 요지

가. 고소인이 피고소인들에 대한 고소경위

고소인이 피고소인들을 고소하게 된 경위는 다음과 같습니다.

(1) 보험설계사인 고소 외 조○자는 고소인으로부터 ○○○○. ○○. ○○. 부터 ○○○○. ○○. ○○.까지 3회에 걸쳐 금 ○,○○○만원을 차용하고, 차용금에 대한 이자는 그의 권유에 따라 고소인이 가입한 보험의 보험료를 대납하기로 약정하였습니다.

(2) 조○자는 ○○○○. ○○. ○○. 고소인과 합의하여 종래의 차용증서를 무효로 하면서 고소인에게 금 ○,○○○만원을 차용하였다는 취지의 차용증서를 새로이 작성, 교부하였습니다.

(3) 조○자는○○○○. ○○. ○○. 고소인에게 금 ○,○○○만원을 변제하면서 나머지 금 ○○○만원의 변제여부에 다툼이 있어 차용증서를 반환받지 않고 고소인이 소지하고 있는 차용증서에 ○○○○. ○○. ○○. '원금상환'이라고 기재하였고, 고소인은 '원금상환'이라고만 기재된 것을 보고, '원금상환' 뒤에 '○,○○○, ○○○미수금'이라고 추가로 기재하였습니다.

(4) 고소인은 같은 달 ○○. 나머지 금 ○○○만원을 변제하지 않고 편취하였다는 사실로 조○자를 고소하였고, 조○자의 남편인 백○욱은 ○○○○. ○○. ○○. 위 차용증서를 고ュ소인에게 보여 달라고 하여 건네받은 다음 이를 갑자기 입에 넣고 씹어 훼손한 사실이 있습니다.

(5) 이어, 고소인은 ○○○○. ○○. ○○. 광주지방법원에 위 조○자를 상대로 대여금청구소송(○○○○가소○○○○호)을 제기하였고, 피고소인 정○엽은 ○○○○. ○○. ○○. 광주지방법원 법정에서 피고 측 증인으로 출석하여 선서한 다음, "피고는 ○○○○. ○○. ○○. ○○:○○경 광주시 ○○구 ○○로 ○○, 5일시장에서 증인 및 사과 장사를 하는 소외 이○숙이 있는 자리에서 피고가 원고로부터 빌린 돈 ○,○○○만원 중 우선 ○○○만원을 변제한다면서 원고에게 건네주었다. ○○○○. ○○. ○○. ○○:○○경 원고가 피고에게 ○,○○○만원을 변제하라고 했는데, 피고가 검은 비닐종이에 현금 ○뭉치를 담아 ○○○만원을 변제하는 것을 보았다"고 진술하였습니다.

(6) 조○자는 ○○○○. ○○. ○○. 위 법원에서 패소판결을 선고받고 광주지방법원에 항소(○○○○나○○○○호)하였고, 피고소인 이○희는 ○○○○. ○○. ○○. 광주지방법원에서 피고(항소인)측 증인으로 출석하여 선서한 다음, "피고가 증인에게 와서 '원고가 ○,○○○만원을 달라고 하여 우선 ○○○만원을 갚았으니 적어라'고 하여, 증인이 장부에 '○○○만원 갚음'이라고 기재한 사실이 있다"고 진술하였습니다.

(7) ○○○○. ○○. ○○. 광주지방법원이 피고소인들의 증언을 받아들여

고소인에게 패소판결을 선고하자 고소인은 피고소인들의 위 각 증언이 위증이라고 하여 광주시 ○○경찰서에 이 사건 고소를 하였습니다.

(8) 피고소인 정○엽은 ○○○○. ○○. ○○.위 ○○경찰서 수사과에서 피의자 신문을 받으면서 사법경찰관이 조○자도 돈을 준 날짜를 정확히 말하지 못하는데 어떻게 변제날짜를 ○○○○. ○○. ○○. ○○:○○ 라고 정확히 기억하는가, 조○자가 이 사건 차용금 ○,○○○만원과는 별도로 ○○○○. ○○. ○○.고소인으로부터 금 ○○○만원을 차용하였다가 같은 해 ○○.경 변제한 사실이 있는데 그것을 보고 착각하여 진술한 것이 아니냐고 추궁하자, "조○자가 (고소인에게) ○○○만원을 준 날짜가 헷갈립니다. ○○○○. ○○. ○○.에 준 것이 맞는지 ○○ ○○. ○○. ○○. ○○:○○경에 준 것이 맞는지 모르겠습니다. 조○ 자가 고소인에게 돈 ○○○만원을 주는 것을 본 것은 사실이나 날짜나 시간은 정확하지 않았습니다만 마치 일시를 정확히 아는 것으로 증언하였는데, 이는 조○자가 증언해 달라는 대로 날짜를 특정하여 증언하였다"는 취지로 진술한 사실이 있습니다.

나. 사법경찰관의 불 송치결정에 대한 문제점

(1) 피고소인 정○엽에 대하여 한 불 송치결정의 이유를 고소인이 제출한 증거와 대조, 검토하여 보면 다음과 같은 문제점이 있음을 알 수 있습니다.

○ 이 사건 증거자료 고소인에 대한 진술조서, 조○자에 대한 진술조서, 차용증서, 보험료영수증을 보면 채무자인 조○자는 ○○년간 보험설계사 업무에 종사한 사람으로서 ○○○○. ○○. ○○.금 ○○○만원을 변제하였다면 마땅히 이를 증명할 수 있는 영수증을 교부받았어야 할 터인데 그러한 사실이 없습니다.

○ 조○자가 금 ○○○만원을 ○○○○. ○○. ○○.변제하였다고 주장하는 ○○○○. ○○. ○○.이후에도 이르기까지 차용금 전액인 금

○,○○○만원에 대한 이자로 고소인의 보험료를 불입해 주었을 뿐만 아니라, 조○자는 고소인에게 금 ○○○만원을 차용금 ○,○○○만으로 된 차용증서를 작성교부하기 전인 ○○○○. ○○. ○○.에 변제하였다고 진술하다가 ○○○○. ○○. ○○.에 변제하였다고 변경하고 다시 같은 달 ○○.에 변제하였다고 진술하는 등 그 변제일시에 대한 진술에 일관성이 없고, 조○자는 남편 몰래 금원을 차용하여 친정오빠 조○일에게 사업자금으로 빌려주었기 때문에 피고소인 이○희에게 장부를 정리하도록 하였다고 주장을 하면서도 ○○○○. ○○. ○○. 조○자의 남편 백○욱의 돈을 일부 ┬포함하여 금 ○○○만원을 변제하고 ○○○○. ○○. ○○.금 ○,○○○만원의 변제사실을 그가 알고 있었다는 취지로 진술하여 변제금원의 출처 등에 대하여 그 진술의 일관성이 없습니다.

○ 고소인은 조○자가 변제하였다고 주장하는 일시에 ○○○시장에 가고 변제 장소에 없었습니다. ○○○시장에서 장사를 하는 최○순이 이를 뒷받침하는 진술을 하고 있으며 ○○시장에서 장사를 같이 하는 최○심, 주○예는 조○자가 변제하였다고 주장하는 시간에 변제 장소에 나온 일이 없다는 내용의 진술서를 작성하여 제출하고 있습니다.

(2) 위와 같이 금 ○○○만원을 변제하였다는 ①채무변제에 대한 영수증이 작성되지 아니한 점, ②조○자의 남편이 차용증서를 훼손한 점, ③조○자가 금 ○○○만원을 변제하였다고 주장하는 ○○○○. ○○. ○○. 이후에도 차용금 전액에 대한 이자를 지급한 점, ④변제의 일시 및 변제금원의 출처 등에 관하여 조○자의 진술이 일관되지 아니한 점과 조○자가 ○○○○. ○○. ○○.차용금 ○,○○○만원으로 된 차용증서를 새로이 작성 교부하고 그 보름 후에, 더욱이 일출 전인 이른 새벽에 현금으로 ○○○만원을 변제한다는 것이 극히 이례적인 점, ⑤조○자가 금 ○○○만원의 변제여부에 다툼이 있는 상태에서 원리금의 정산도 마치지 아니한 채 금 ○,○○○만원을 변제한 점, ⑥특히 피고소인 정○엽이 ○○○○. ○○. ○○.위 ○○경찰서 수사과에서 증언경위

를 구체적으로 진술하면서 위증범의를 인정한 사실이 있는 점에 비추어 보면 조○자가 ○○○○. ○○. ○○. ○○:○○ ○○시장에서 고소인에게 현금으로 ○○○만원을 변제하였다는 채무자 조○자의 진술과 이를 목격하였다는 피고소인 정○엽의 진술은 납득하기 어려운 점이 많고, 오히려 그 진술이 허위가 아닌가 하는 의심이 갑니다.

(3) 그럼에도 불구하고 이 사건 수사를 담당한 사법경찰관 경위 ○○○은 피고소인 정○엽이 변제 장소에 같이 있었다고 진술한 이○숙이나 고소인의 진술에 부합하는 진술서를 제출한 최○심과 주○예를 직접 조사도 하지 아니한 채 고소인의 진술과 이에 부합하는 최○순의 진술을 배척하고 피고소인 정○엽이 진술한 내용과 경위를 구체적으로 조사하지도 않고 형식적으로 조사한 다음 그의 변명을 가볍게 받아들여 불 송치결정을 하였습니다.

다. 수사미진

(1) 이 사건 수사를 담당 한 사법경찰관은 고소인의 진술에 부합하는 진술서를 작성한 최○심과 주○예, 피고소인 정○엽이 변제 장소에 같이 있었다고 진술한 이○숙을 직접조사하고 고소인과 조○자, 정○엽을 철저하게 신문하여 고소인과 조○자가 변제일시에 변제 장소에 있었는지 여부, 조○자가 차용증서를 교부한 직후에, 더욱이 이른 새벽에 현금으로 금 ○○○만원을 변제하게 된 이유와 그 자금의 출처, 보험설계사인 조○자가 금 ○○○만원을 변제할 때 영수증을 교부받지 아니한 이유, 조○자가 금 ○○○만원을 변제한 ○○○○. ○○. ○○.이후에도 ○○○○. ○○. ○○.에 이르기까지 차용금전액인 금 ○,○○○만원에 대한 이자로 고소인의 보험료를 대납해준 이유, 조○자가 ○○○○. ○○. ○○. 고소인에게 금 ○,○○○만원을 변제할 당시 고소인과 조○자 사이에 금 ○○○만원의 변제여부에 다툼이 있는 상태에서 차용증서도 반환받지 않고 원리금의 정산도 마치지 아니한 채 금 ○,○○○만원을 변제하게 된 경위, 조○자가 차용증서에'원리금상환'이라고 기재하게 된 경위를 밝힌 다음 피고소인에 대한 공소제기 여

부를 결정하여야 할 것인데도 이와 같은 수사를 하지 아니한 채 수사를 종결하고 혐의 없음의 불 송치결정을 한 잘못이 있습니다.

4. 결론

이 사건 수사를 담당한 사법경찰관 경위 ○○○의 불 송치결정은 중대한 수사 미진과 위증죄의 구성요건 법리오해의 잘못이 있으므로 다시 재수사의 처분이 필요하다 할 것이므로, 이에 이의신청을 제기하게 된 것입니다.

4.이의신청 결과통지서 수령방법

종류	서면 / 전화 / 팩스 / 전자우편 / 문자메시지

5.소명자료 및 첨부서류

(1) 수사결과 통지서(불 송치결정)   1통

○○○○ 년 ○○ 월 ○○ 일

위 이의신청인 : ○ ○ ○   **(인)**

광주광역시 ○○경찰서장 귀중

(7)불 송치 결정 이의신청서 - 업무상횡령죄 혐의 없음의 이유로 불송치 결정 수사미진 법리오해의 위법 재수사요구 이의신청서

불 송치 결정 이의신청서

사 건 번 호 :   ○○○○년 형제○○○○호   업무상횡령죄

신   청   인 : ○   ○   ○

청주시 상당경찰서장 귀중

불 송치 결정 이의신청서

1.신청인

성 명	○ ○ ○		주민등록번호	생략
주 소	청주시 ○○구 ○○로 ○○길 ○○, ○○○호			
직 업	개인사업	사무실 주 소	생략	
전 화	(휴대폰) 010 - 8897 - 0000			
기타사항	이 사건 고소인 겸 이의신청 신청인입니다.			

2.경찰 결정 내용

사건번호	○○○○년 형제○○○○호
죄 명	업무상횡령죄
결정내용	혐의 없음(증거불충분) 불 송치 결정

3.이의신청 이유

신청인(이하'고소인'이라고 줄여 쓰겠습니다)은 피고소인 ○○○(이하'피의자'라고 하겠습니다)을 ○○○○. ○○. ○○. 청주시 상당경찰서 ○○○○년 형제○○○○호 업무상횡령죄로 고소한 사건에 관하여 청주시 상당경찰서 사법경찰관 경위 ○○○은 ○○○○. ○○. ○○. 피의자에게 혐의 없음(증거불충분)의 이유로 불 송치 결정을 하였는바, 이는 부당하므로 아래와 같이 이의신청을 제기합니다.

- 아 래 -

1. 사건의 개요

　가. 불 송치결정에 대한 이의신청인(이하, 앞으로는 '고소인' 이라고 줄여 쓰겠습니다)은 피고소인 ○○○(이하, 다음으로는 '피의자' 라고 합니다)을 충청북도 청주시 상당경찰서 ○○○○년 형제○○○○호 업무상횡령 혐의로 고소하였는바, 고소사실의 요지는 다음과 같습니다.

　　○ 피의자는 충청북도 청주시 상당구 ○○로길 ○○○,에서 주식회사 ○○물류창고라는 상호로 도축 및 정육가공·보관업을 하던 자인바, ○○○ ○○. ○○. ○○. ○○:○○경부터 그 다음 날 ○○:○○경까지 사이에 피의자가 업무상 보관 중이던 고소인 소유의 총 시가 금 ○○,○○○,○○○원 상당의 돼지고기 목살 ○,○○○㎏, 미 삼겹살 ○,○○○㎏을 임의로 판매하여 이를 횡령하였습니다.

2. 불 송치 결정의 이유요지

　청주시 상당경찰서 이 사건 수사담당 사법경찰관 경위 ○○○은 위 사건을 수사한 후 ○○○○. ○○. ○○. 피의자에 대하여 혐의 없음의 불 송치결정을 하였습니다.

3. 이의신청의 이유요지

　가. 업무상횡령의 점에 대하여

　　(1) 고소인은 ○○○○. ○○. ○○.경부터 필요할 때마다 피의자의 정육·냉동 공장에서 고소인이 직접 선별한 정육을 현금으로 구입하여오다가 ○○○○. ○○. ○○. 피의자의 사이에, 기간을 1년으로 정하여 고소인이 일정한 종류와 수량의 범위 내에서 필요한 정육을 요구하면 피의자는 언제라도 고소인이 출고해갈 수 있도록 하되, 냉동 보관된 정육을 고소인의 허락 없이 임의로 교환, 출하하거나 판매할 수 없도록 하는 내용의 정육 구입·보관계약(이하, '이 사건 계약' 이라고 합니

다)을 체결하였습니다.

(2) 고소인은 이 사건 계약 후 ○○○○. ○○. ○○.까지 사이에 세 차례에 걸쳐 피의자에게 이 사건 계약 대금 ○○,○○○,○○○원 중 약금 ○○,○○○,○○○원을 지급하였습니다.

(3) 피의자의 직원들은 고소인이 몇 차례에 걸쳐 피의자의 정육공장에서 직접 정육가공과정을 살펴보고 선별한 정육 또는 피의자가 고소인에게 판매할 몫이라고 염두에 둔 정육을 박스에 담아 피의자의 냉동 창고 출입구 좌·우측에 적재하였습니다.

(4) 고소인은 ○○○○. ○○. ○○.경 냉동 창고에서 창고장인 고소 외 유○규 등 직원들이 입회한 가운데 위와 같이 좌·우측에 적재된 박스위에 매직으로 줄을 긋거나 '박'(고소인의 성) 등 일정한 표시를 하고 그의 인감도장을 날인한 사실이 있습니다.

(5) 고소인은 ○○○○. ○○. ○○. ○○:○○ 위와 같이 표시된 정육이 여전히 냉동 창고에 보관중인 것을 확인하였으나 다음날 ○○. ○○.경 그 정육 중 고소장에 적시한 수량만큼이 피의자에 의하여 다른 곳에 판매된 사실을 확인하고 급히 부근의 청주시 상당경찰서 ○○지구대에 이를 신고하여 출동한 경찰관으로 하여금 현장사진을 찍게 한 다음 그 다음날인 ○○○○. ○○. ○○.피의자를 위와 같이 고소하였습니다.

(6) 피의자는 고소 제기된 다음날 정육공장을 청주시 상당구에서 충청북도 괴산군으로 갑자기 이전하였습니다.

(7) 고소인과 피의자는 ○○○○. ○○. ○○. 피의자가 공장을 옮긴 괴산 공장에서 직접 만나 이전된 냉동 창고에 보관중인 정육 중에서 고소인이 원하는 종류의 정육을 지정하고 그 수량 및 무게를 서로 확인하였고, 그 후 고소인은 ○○○○. ○○. ○○. 위와 같이 확인해둔 정육 약 ○,○○○만원 상당을 납품받은 사실이 있습니다.

나. 이 부분 사법경찰관의 수사미진 여부

(1) 피의자는 자신이 ○○○○. ○○. ○○. ○○:○○ 위와 같이 냉동 창고 좌·우측에 적재된 정육 중 일부를 임의로 판매한 사실을 인정하고 있으므로 피의자의 이러한 행위가 업무상횡령죄를 구성하는지 여부는 오로지 위 판매한 정육이 과연 고소인의 소유인지 여부에 달려있습니다.

(2) 고소인이 종전 필요할 때마다 피의자의 정육을 현금으로 구입하는 거래를 해오다가 이 사건 계약을 체결한 배경과 앞서 본 이 사건 계약의 내용, 이 사건 계약의 이름을 '정육보관증' 이라고 표시한 점 및 매매 대상인 정육이 공장에서 대량으로 생산되는 균일화된 제품과 달리 그 품질에 차이가 존재하므로 매수자 입장에서는 매수 전 그 품질을 확인할 필요가 상대적으로 크다는 사정 등을 종합적으로 고려하면, 이 사건 계약은 피의자로 하여금 이 사건 계약에서 정한 종류와 수량의 정육을 조달할 채무를 부담케 하는 일반적 효력 이외에 더 나아가,

① 고소인에게 일반적인 종류 물 매매의 경우보다는 매매 대상물의 특정 과정에 적극적으로 개입할 여지를 더욱 많이 부여하고,

② 특정된 정육의 종류와 수량이 이 사건 계약에서 정한 범위 내의 것이고 또한 그 가액이 적어도 이미 지급한 선급금의 범위 내일 경우에는 그 특정으로써, 피의자에게 단순히 특정된 정육을 고소인에게 인도할 의무가 발생한다기보다는 오히려 "고소인과 피의자 사이에 특정된 정육의 소유권을 고소인에게 이전한다는 물권적 합의와 그와 동시에 점유개정을 통한 인도가 있는 것" 으로 하는 취지를 포함하고 있다고 이해되고도 남습니다. 이렇게 볼 경우 특정 이후에는 피의자는 단지 창고업자의 지위에서 고소인 소유의 특정된 정육을 보관할 의무를 갖는 자가 될 뿐입니다. 그런데, 앞서 본 바와 같이 고소인이 스스로 또는 피의자의 직원들이 고소인의 몫임을 염두에 두고 선별·적재한 정육박스 위에 고소인을 가리키는 일정한 표시와 날인을 한 다음 이를 냉동 창고의 특정 위치에

분리 적재한 이상 그 정육은 이미 냉동 창고 내의 다른 정육들과 구체적으로 구별될 수 있을 정도로 분리·특정되었습니다.

(3) 한편, 고소인이 청주시 상당경찰서 수사과정에서 제출한 증거자료 중에는, 피의자가 이 사건 계약 후 고소인 몫의 정육을 보관중임을 알려준 팩스, 고소 직전 고소인의 신고로 출동한 경찰관에 의하여 촬영된 분리·적재된 정육박스의 사진 등이 있습니다.

(4) 이러한 자료의 존재, 피의자의 공장의 이전 등으로 위와 같이 특정된 정육을 매각할 동기도 추측되는 사정 등을 종합적으로 고려하면, 이 사건 수사를 담당한 사법경찰관 경위 ○○○으로서는 ①일반적인 정육 거래 실태, ②이 사건 계약 이전의 고소인과 피의자의 거래 방식, ③이 사건 계약 당시 고소인과 피의자 사이에 특정의 방식과 관련하여 어떠한 약정이 있었는지 여부, ④이 사건 계약 후 고소인이 위와 같이 나름대로의 특정 및 분리 적재를 하게 된 구체적 경위를 조사하는 등 ⑤위 특정된 정육의 소유관계를 보다 상세히 확인함으로써 피의자의 행위가 '업무상횡령'에 해당하는지 그 여부를 규명하기 위한 노력을 기울여야 하였음에도 불구하고 그와 같은 노력을 기울이지 아니한 채 불법영득의 의사의 인정에 아무런 방해가 되지 않는, 고소 제기 이후 비로소 피의자에 의하여 이루어진 납품 내지 피의자가 사후에 이 사건 계약에 따른 정육을 능히 납품할 능력이 있었을 것이라는 점 등에 집착하여 단순히 혐의 없음의 불 송치결정을 한 것으로 보여 집니다.

(5) 그렇다면, 이 사건 수사를 담당한 사법경찰관 경위 ○○○의 위와 같은 수사미진과 업무상횡령죄의 구성요건 중 재물의 타인성에 관한 법리오해의 잘못이 있습니다.

4. 결론

이 사건 사법경찰관 ○○○의 불 송치 결정은 중대한 수사미진과 업무상횡령죄의 구성요건 중 재물의 타인성에 관한 법리오해의 잘못이 있으므로 다시 사법경찰관에게 재수사를 하게 하여 기소 여부를 최종적으로 결정하여야 할 것이므로, 이에 이의신청을 제기하게 된 것입니다.

4. 이의신청 결과통지서 수령방법

종류	서면 / 전화 / 팩스 / 전자우편 / 문자메시지

5. 소명자료 및 첨부서류

   (1) 수사결과 통지서(고소인 등 불 송치)   1통

○○○○ 년 ○○ 월 ○○ 일

위 이의신청인 : ○ ○ ○   (인)

청주시 상당경찰서장 귀중

불 송치 결정 이의신청서

사 건 번 호 : ○○○○년 형제○○○○호 사문서위조죄 등

신 청 인 : ○   ○   ○

인천시 부평경찰서장 귀중

불 송치 결정 이의신청서

1. 신청인

성 명	○ ○ ○		주민등록번호	생략
주 소	인천시 ○○구 ○○로 ○길 ○○, ○○○-○○○○호			
직 업	회사원	사무실 주 소	생략	
전 화	(휴대폰) 010 - 2678 - 0000			
기타사항	이 사건 고소인 겸 이의신청 신청인입니다.			

2. 경찰 결정 내용

사건번호	○○○○년 형제○○○○호
죄 명	사문서위조죄 등
결정내용	혐의 없음(증거불충분) 불 송치 결정

3. 이의신청 이유

신청인(이하'고소인'이라고 줄여 쓰겠습니다)은 피고소인 ○○○, ○○○(이하'피의자'라고 하겠습니다)을 ○○○○. ○○. ○○. 인천시 부평경찰서 ○○○○년 형제○○○○호 사문서위조죄 등으로 고소한 사건에 관하여 인천시 부평경찰서 사법경찰관 경위 ○○○은 ○○○○. ○○. ○○. 피의자들에 대하여 혐의 없음(증거불충분)의 이유로 불 송치 결정을 하였는바, 이는 부당하므로 아래와 같이 이의신청을 제기합니다.

- 아   래 -

1. 사건의 개요

가. 이의신청인(이하, 다음으로는 '고소인' 이라 줄여 쓰겠습니다)은 ○○○○.
○○. ○○. 인천광역시 부평경찰서 ○○○○년 형제○○○○호로 피고소
인(이하, 앞으로는 '피의자' 라고 합니다)김○환, 정○대를 각 사문서위조
죄 등으로 고소하였는바, 그 고소사실의 요지는 아래 2.의 가. 기재와 같
습니다.

나. 위 고소사건의 수사를 담당한 사법경찰관 경위 ○○○은 ○○○○. ○○.
○○.혐의 없음의 이유로 아래 2.의 나. 기재와 같은 이유로 불 송치결정
을 하였습니다.

2. 고소사실 및 불기소이유의 요지

가. 고소사실의 요지

(1) 피고소인 김○환은 사채업자이고, 같은 정○대는 ○○자동차 ○○영업
소의 판매사원인 바, 고소인이 ○○○○. ○○. ○○. 피고소인 김○환
으로부터 변제기는 ○○○○. ○○. ○○. 차용금은 1개월 ○할 ○푼
의 선이자 ○○○만원이 포함된 ○○○만 원으로 하여 ○○○만원을
빌리면서 공증 등 관계서류 작성에 필요하다하여 고소인의 인감증명
3통, 주민등록등본 2통, 주민등록초본 1통 및 인감도장을 교부하였는
바 피고소인들은 공모하여 ○○○○. ○○. ○○. 인천광역시 ○○구
○○로 ○○, 소재 피고소인 김○환의 사무실에서 ○○할부 금융약정
서 용지에 "차입금액 ○○○만원", "상환기간 ○○개월", 채무자란에
"이○기" 라고 각 기재하고 고소인의 인감도장을 날인하여 고소인의
권리의무에 관한 사문서인 할부판매보증보험약정서 1부를 위조하고,
같은 날 이를 ○○할부 금융보험주식회사에 제출하여 행사하고, 위
회사로부터 그 즉시 ○○○만원을 대출받아 이를 편취한 것입니다.

나. 불 송치결정의 요지

(1) 고소인이 자필서명 한 할부금융 신청 연대보증서, ○○주식회사의 변제독촉에 고소인이 자필로 ○○○○. ○○. ○○.까지 차량할부금을 변제하겠다고 다짐한 확약서, 고소인이 본건 차량을 ○○○만원에 김○환에게 매도하였음을 확인한 차량인도확인서의 각 기재내용을 종합하면, 본건은 고소인이 김○환으로부터 2차례에 걸쳐 ○○○만원을 차용한 뒤 이 채무를 변제할 길이 없자 고소인 명의로 본건 승용차를 구입한 다음 즉시 이를 재판매하여 그 대금을 가지고 김○환에 대한 채무를 변제한 것으로써 이는 고소인과 김○환의 사전약정에 따른 것으로 피고소인들의 범죄혐의 인정되지 않는다는 판단으로 불 송치결정을 하였습니다.

3. 이의신청의 요지

가. 이 사건의 실체

(1) 고소인은 ○○○○. ○○. ○○. ○○생활정보지에서 차량을 담보로 돈을 빌려준다는 광고를 보고 그곳으로 전화를 걸었는데, 인감증명서, 주민등록등·초본 각 3통, 자동차등록증, 자동차등록원부, 책임보험영수증 및 주민등록증과 인감도장을 구비해 오면 된다고 하여 이를 지참하고 인천광역시 ○○구 ○○로 ○○, 소재 사채업자인 피고소인 김○환의 사무실(○○ 상사)로 찾아가, 김○환으로부터 ○○○만원의 차용금 영수증 및 같은 액면의 약속어음 1장을 각 작성·교부해주면서 변제기는 ○○○○. ○○. ○○. 이자는 월 ○할 ○푼으로 각 정하고 선이자 ○○○만원을 공제한 후, ○○○만원을 빌렸고, 김○환이 공증용으로 필요하다고 요구하여, 동액의 영수증 및 약속어음 1장씩을 더 작성해 주었으며 무슨 보증서인가에도 서명, 날인해 주었고, 돈을 갚지 못할 경우 자신 소유의 타우너 승합차(인천 토○○○○호)를 임의로 처분해도 좋다는 취지의 각서를 작성해 주었는데, 김○환이 고소인 명의의

자동차매매계약서 및 할부 금융신청서를 각 위조하여 고소인 명의로 할부 금융대출금 ○○○만원을 대출받아 이를 사취한 것입니다.

(2) 한편, 피고소인 김○환의 변소의 골자는, 요컨대 고소인이 2차례에 걸쳐 자기로부터 선이자 ○○만원이 포함된 ○○○만원을 빌려가면서 할부 금융대출을 받아 승용차를 구입한 후, 이를 되팔아 자기에 대한 채무를 변제하기로 약정하였고(이른바 차 깡), 고소인이 그에 필요한 할부금융 신청연대보증서, 할부금융 신청서/자동차매매계약서, 차량인도확인서 등에 서명, 날인해 주면서 그 후의 절차는 자기에게 맡겨 자기는 그 위임에 따라 승용차 매수인으로 정○욱을 물색한 후 ○○○만원의 할부 금융을 받고 나머지 돈은 정○욱으로 하여금 대게 하여 고소인 명의로 ○,○○○만원 상당의 아반떼 승용차를 구입, 이를 다시 ○○○만원에 고소 외 정○욱에게 팔아 그 차액 ○○○만원을 받았을 뿐, 할부금융 신청서/차량매매계약서를 위조하거나 고소인을 기망한 사실이 없고 오히려 자신은 고소인에게 대여해 준 원금 ○○○만원 중, ○○○만원을 받지 못하고 있어 아직도 피해자라고 주장하고 있습니다.

그런데, 이 사건의 수사를 담당한 사법경찰관 경위 ○○○은 이 사건 불 송치결정이유에서 고소인이 김○환으로부터 돈을 빌리면서 ①채무자 겸 본인 란에 고소인이 자필서명 한 할부금융 신청 연대보증서, ②현대할부 금융 주식회사의 변제독촉에 고소인이 자필로 ○○○○.○○. ○○.까지 차량할부금을 변제하겠다고 다짐한 확약서, ③고소인이 본건 차량을 ○○○만원에 김○환에게 매도하였음을 확인한 차량인도확인서를 김○환의 진술에 부합하는 증거로 받아들여 무혐의 불 송치결정을 하였습니다.

그러나 사법경찰관이 들고 있는 위 각 증거들의 작성경위 및 기재내용을 면밀히 검토하면 여러 가지 점에서 통상의 거래관념에 반하거나 경험칙 상 선뜻 수긍하기 어려운 부분이 많고, 이러한 점에 대한 김○환의 변소는 전후 모순되거나 일관성이 없습니다.

위 각 증거들이 사실은 고소인이 금원을 차용할 당시 단순한 공증서류로만 알고 서명·날인하였던 것 인 반면 김○환은 이러한 고소인의 무지 또는 경솔을 악용하여 사전 치밀한 계획 하에 이를 조작한 것이 아닌가 하는 의심을 떨쳐버릴 수가 없습니다. 그렇게 보게 된 근거로서 이하 차례로 사법경찰관이 무혐의 불 송치결정판단의 자료로 들고 있는 위 증거들에 대하여 설명을 드리겠습니다.

나. 증거에 대한 검토

(1) 연대보증서

(가) 할부 금융신청 연대보증서상의 채무자 겸 본인 란에 고소인의 서명·날인이 되어 있는 것은 맞지만 고소인은 금원을 차용할 당시 김○환이가 공증서류라고 하면서 서류의 내용은 보여주지 않은 채 서명할 곳만 가리켜 내용을 확인하지 않고 그가 가리키는 곳에 서명만 했고, 인감도장은 김○환이 여러 서류에 막 찍었는데 아마도 그것이 위 연대보증서로 주장하고 있습니다. 위 연대 보증서를 보면, 차입금액, 차입조건 등 주 채무에 관한 일체의 내용은 물론, 채무자 및 연대보증인의 성명, 주민등록번호, 주소뿐만 아니라 작성일자도 모두 공란으로 되어 있고, 단지 채무자 겸 본인 란에 고소인의 서명과 날인만이 되어 있을 뿐입니다. 진정 할부 금융신청을 할 뜻으로 작성된 연대보증서로 보기에는 그 내용이 아무것도 없다 할 정도로 너무나 허술합니다. 이른바 차 깡을 통해 차용금을 변제하려고 했다면 그 대신 새로이 떠안을 할부대출금이 과연 얼마인지는 당연히 알았어야 할 것이고 그러려면 그 흔적이 있어야 하기 때문입니다.(피고소인들은 그 뒤 고소인과 피고소인 정○대 사이에서 작성된 할부 금융신청서/자동차매매계약서를 통해서 고소인이 대출에 관한 사항을 모두 알았다고 주장합니다. 그러나 뒤에서 보는바와 같이 위 서류에는 고소인의 도장만 날인되어 있을 뿐 서명을 포함한 나머지 기재사항은 모두 정○대가 작성한 것입니다. "인감도장은 김 ○환이가 여러

서류에 막 찍었는데 공증서류로 알았다”의 한 서류에 해당될 개연성이 높습니다). 또한 위 보증서와 함께 작성된 것으로 보이는 할부대출금에 대한 공정증서 작성촉탁 권한을 위임한 위임장 역시 위 연대보증서와 마찬가지로 위임인 및 수임인의 성명이나 주소는 물론 채권의 구체적 내용 등 아무런 기재가 없고 단지 위임인 및 채무자란에 고소인의 인장만 날인되어 있을 뿐입니다.

(2) 차량인도확인서

(가) 위 확인서의 기재내용은, 고소인이 ○○○○. ○○. ○○. 아반떼 승용차를 ○○○만원에 김○환에게 매도·인도한다는 것입니다. 그러나 고소인은 앞서 본바와 같이 위 확인서는 김○환으로부터 돈을 빌리면서 돈을 갚지 못할 경우 자신이 소유하고 있던 타우너 승합차를 임의처분해도 좋다는 취지로 작성하여 김○환에게 교부한 일종의 각서입니다.

그런데 만약 김○환의 주장대로 위 확인서의 취지가 할부대출금 등으로 구입한 새 차의 매매에 관한 것이라면 위 확인서 본문의 후단 부분인 “인도 일자 이전의 자동차세 및 기타 공과금, 범칙금은 고소인이 책임지기로 한다.”라는 기재의 의미를 도대체 알 수가 없습니다. 김○환의 진술에 의하더라도 위 아반떼 승용차는 출고 즉시 타에 매도하기로 되어 있었고, 실제로 ○○○○. ○○. ○○.매매계약을 체결하고 같은 달 ○○. 출고되어 자신에게 인도되었다는 것인바, 왜 새 차를 매도하면서 중고차에서 생기는 자동차세, 공과금 및 범칙금을 고소인이 책임지기로 한다. 라는 기재를 하게 했는지 상상할 수가 없기 때문입니다.

결국 위 확인서는 고소인의 주장대로 중고차인 고소인의 타우너 승합차에 관한 기재로 보이는 면이 있습니다. 고소인은 또 위 확인서 작성 당시 무슨 이유에서인지는 모르나 김○환이 차량번호, 차종, 금액란 및 날짜 란을 공란으로 작성할 것을 요구하여 공란으로 두었는데(날짜 란은 ‘년’, ‘월’, ‘일’ 만 기재), 나중에 누군가 위 확인서의 차량번호 란에 "인천 임시 넘버", 차종 란에 "아반떼 오토 DLX", 금액란에 "칠백", 날짜 란에 "○○○○" "○" "○○" 라고 임의로 기입해 넣었다는 것입니다. 이에 대하여 김○환은 위 확인서는 모든 내용을 고소인이 직접 작성하여 자기에게 교부한 것인데, 고소인이 돈을 빌려간 뒤 나타나지 않아 자기가 위 확인서를 ○○자동차 영업사원인 피고소인 정○대에게 제시하고 자동차를 인도받았다고 진술하더니 고소인과의 대질 신문 시에는 "고소인이 자신의 필체가 아니라는 부분은 고소인의 진술을 믿어 자신의 여직원이 기재한 것인지는 모르겠다"고 진술을 하여 한 발을 빼고 있습니다. 육안으로 보면 엇비슷하여 모든 기재가 동일한 글씨체인지 여부를 판단하기 어렵습니다.

다만 김○환이가 위와 같이 한 발 빼는 진술을 하는 걸 보면 고소인의 주장이 옳을 개연성이 높습니다. 그럴 경우 그 기재부분은 고소인의 글씨체를 본뜬 위필(僞筆)일 수도 있습니다.

(나) 그렇다면 위 확인서는 고소인의 주장과 같이 당초 고소인이 김○환으로부터 돈을 빌리면서 담보목적으로 자신 소유의 타우너 승합차에 대한 처분권을 양도하겠다는 취지로 작성되었는데 김○환이가 이를 고소인이 이른바 차 깡을 자기에게 위임했다는 취지로 악용했고 또 그러기 위해서 처음부터 고소인으로 하여금 그 기재사항을 일부 공란으로 하게 하지 않았나 하는 의구심이 듭니다. 이러한 의구심은 고소인이 차용 당시 김○환에게 작성·교부한 두 장의 영수증 중 한 장의 내역 란에 "○○○○"이라는 기재가 있는데 이는 앞서 본바와 같이 고소인 소유의 승합차 타우너의 차량 번호가 바로 인천○토○○○○호라는 점과, 한편 기록에 의하면 고소인이 김○환으로부터 금원을 차용했다는 일자 얼마 후인 ○○○○. ○○. ○○.초 김○환이가 고소인을 상대로 ○○○만원의 약속어음 채권을 가지고 고소인의 위 승합차에 가압류를 신청하여 같은 달 ○○. 가압류결정(인천지방법원 ○○○○카단○○○○호)까지 받아 놓고서도 위 승합차와는 전혀 무관하듯 오로지

할부금대출과 새 차 매매만으로 차용금을 변제받으려 했다고 여러 번 주장하는 점 등을 모두 보면 더욱 그러합니다.

(3) 확약서

(가) 위 확약서의 기재내용은 고소인이 ○○할부 금융주식회사로부터 차량할부금을 대출, 보증하였는데, 장기연체로 인한 민사 강제집행 및 형사고소 건이 ○○○○. ○○. ○○.로 예정되어 있어 위 날짜까지 연체된 ○○○만원을 이행하겠다는 것이고, 고소인도 위 확약서에 서명, 날인한 점을 인정하고는 있습니다. 그러나 고소인은 위 확약서를 작성하게 된 것은, 위 회사가 자신이 대출받은 바 없는 대출금을 변제하라고 독촉하더니 자신을 상대로 고소까지 하였고, 자신은 어차피 김○환에 대한 채무가 있어 위 채무액이 위 회사에서 그 무렵 독촉하는 액수와 맞먹어 그 한도 내에서 갚아 주려는 취지로 작성해 준 것일 뿐이지, 결코 위 회사로부터 대출을 받았다는 것을 인정하는 것이 아니라고 일관되게 진술을 하였습니다. 기록에 의하면 고소인과 고소인의 부 이○수는 위 회사의 할부금 변제독촉에 대하여 고소인이 자동차 구입은 물론 할부 금융대출도 받은 사실이 없다고 여러 차례 정○대 및 위 회사에 항의한 사실도 있습니다. 이럴 경우 위 확약서가 있다 하여 고소인이 할부 금융대출을 받았다는 것을 곧 바로 시인한 것으로 단정하기는 어렵습니다.

다. 기타 의문점

(1) 할부 금융신청서/매매계약서

(가) 고소인이 할부 금융대출을 신청하여 승용차를 구입하였다는 가장 직접적이고 결정적인 증거가 될 수 있는 것은 피고소인들이 주장하는 고소인과 정○대 사이에서 작성되었다는 할부 금융신청서/자동차매매계약서입니다. 그런데 고소인은 위 신청서/계약서에 서명, 날인한 사실이 없을 뿐만 아니라 본 사실도 없습니다. 실제로 위

신청서/계약서에는 신청인 및 매수인이 고소인으로 기재되어 있으나, 고소인의 필체가 아님이 분명하고(정○대도 위 신청서/계약서는 자신이 작성했다고 시인하고 있습니다) 연대보증인 란은 물론 작성일자도 기재되어 있지 않으며, 계약서에는 고소인의 날인조차 없는 등 통상의 계약서라고 보기에는 너무나 불충분합니다.

이에 대하여 김○환은 위 신청서/계약서는 "정○대가 고소인의 자필서명과 인장날인을 받아놓으라며 위 서류를 자신의 사무실에 놓고 갔는데, 다음날 고소인이 와서 자필서명을 하였고, 그 날 오후 정○대가 와서 서류를 가져갔다"고 하다가, "○○○○. ○○. ○○.경 자신의 사무실에서 고소인이 있는 자리에서 정○대가 작성하였고, 신청서의 서명·날인 란에는 분명히 고소인이 서명하고 날인하였다"고 진술을 번복하고 있습니다.

(나) 한편 정○대는 사법경찰관 면전에서 "○○○○. ○○. ○○.경 김○환이 자기 회사차량을 직원명의로 구입한다면서 고소인의 인감증명서 등을 제출하여 고소인의 동의가 있는 것으로 믿고 고소인에게 매수의사를 확인하지 않고 차량을 판매하게 된 것이고, 자동차매매계약서와 할부 금융신청서도 자신이 직접 작성하였으며, 특히 김○환이 제출한 할부 금융신청서상에 고소인의 도장이 찍혀 있어 자신이 직접 위 신청서상에 '이○기'라고 이름을 기재해 넣었다"고 구체적으로 개연성 있는 진술하다가 그 후 "○○○○. ○○. ○○. 김○환의 사무실에서 고소인, 김○환이 동석한 자리에서 자신이 할부 금융신청서를 작성하였고 고소인으로부터 도장을 받아 자신이 찍었다"고 진술을 번복했습니다. 위와 같이 피고소인들의 진술이 수시 엇갈리는데다가 위 서류상에 고소인의 직업에 관하여 "○○종합물류", 부서명 "경리부", 직위 "대리"로 고소인의 인적사항과는 전혀 동떨어지게 기재되어 있는 점 및 김○환이 자기 회사차량을 직원명의로 구입한다고 하며, 관련서류를 주어 자신이 직접 위 신청서 및 매매계약서를 임의로 작성하고 서명, 날인했다는 정○대의 구체적이고 개연성 있는 여러 차

례의 진술에 비추어 보면, 공증서류 등으로만 알고 고소인의 도
장을 찍도록 한 위 서류에 김○환 또는 김○환이 정○대와 협력
하여 위조한 것이 아닌가 하는 의심이 듭니다.

(2) 약속어음

    (가) 고소인이 돈을 빌리면서 김○환에게 약속어음 2장에 서명, 날인
하여 준 사실은 쌍방 가에 다툼이 없습니다. 그런데 김○환은 일
관하여 고소인에게 돈을 빌려준 것은 고소인이 할부 금융대출을
받아 승용차를 구입한 후, 이를 되팔아 그 대금으로 돈을 갚겠다
고 했기 때문이고, 할부 금융대출 및 재판매 절차를 자기가 주도
했습니다. 그런데도 김○환은 앞서 본 바와 같이 고소인이 자동
차매매계약을 체결하기도 전인(자동차매매계약은 ○○○○. ○○.
○○.로 주장하고 있습니다) ○○○○. ○○. ○○.이미 위 ○○○
만원의 약속어음금 채권을 가지고 고소인의 자동차에 가압류를
신청하여 ○○○○. ○○. ○○.가압류결정까지 받았습니다. 이와
같은 2중의 권리행사를 김○환은 무어라고 해명할 것인지, 이 점
에 관한 의문도 풀려야 하는 것입니다.

    (나) 한편, 차용금에 대한 공증용 약속어음은 특별한 사정이 없는 한,
차용 일을 발행일로, 변제 기일을 지급기일로 하는 것이 통상의
거래관행에 부합합니다. 그런데 위 약속어음은 실제 고소인이 돈
을 차용한 날(고소인의 주장에 의하면 ○○○○. ○○. ○○.이고
김○환의 진술은 일관되지 아니하여 종잡을 수 없지만, 전체적인
정황으로 보아 ○○○○. ○○. ○○.경입니다) 보다 발행일은 물
론 지급기일까지 과거로 소급하여 작성되었는바(한 장은 발행일
이 ○○○○. ○○. ○○.지급기일이 같은 해 ○○. ○○.이고, 다
른 한 장은 발행일이 ○○○○. ○○. ○○. 지급기일은 같은 해
○○. ○○.로 되어 있습니다), 통상의 거래관행에 비추어 볼 때
이례적인 일이라 할 것이고, 합리적으로 해명되지도 않았음에도
이 사건의 수사를 담당한 사법경찰관은 이 점에 대하여 아무런

조사를 한 흔적이 전혀 없습니다. 이에 대하여 고소인은 돈을 차용할 당시 약속어음 2장에 서명, 날인해 준 것은 사실이지만, 날짜는 기재하지 말라는 김○환의 요구에 따라 날짜는 기재하지 않았다는 것이어서, 결국 김○환은 위 약속어음에 고소인의 서명, 날인만을 받아 놓았다가 나중에 날짜를 기입하여 사용한 것으로 의심됩니다.

(3) 고소인과 김○환이 만난 경위

(가) 고소인은 생활정보지 벼룩시장을 보고 돈을 빌리려고 사채사무실에 가서 위 김○환을 처음 만나 그 날 돈을 빌렸을 뿐 그 날 외에는 김○환을 본 일이 전혀 없다고 일관되게 진술하였습니다. 반면, 김○환은 처음 경찰에서 "자신은 인천 부평구청 앞에서 ○○자동차보험대리점을 운영하였는데, 고소인이 찾아와 보험 영업사원으로 일하겠다고 하여 1주일 정도 직원으로 일하여 알게 되었고 자신으로부터 2회에 걸쳐 ○○○만원을 빌려갔다"고 진술하였다가, 그 후에는 "고소인이 자신의 사무실을 함께 사용하던 선배인 사채업자 함○태를 만나러 왔다가 우연히 알게 된 사이"라고 진술하더니, 다시 고소인과의 대질 신문 시에는 "고소인이 부동산 경매와 자동차 금전관련 업무를 하며 자신과 함께 일을 하던 정○욱으로부터 대출을 받으러 왔다가 만났고, 며칠 후 할부차량을 구입하는 방법으로 돈을 빌려주었다"고 하여 진술시마다 번복하고 있습니다. 그런데 김○환이 ○○○○. ○○. ○○.부터 ○○○○. ○○. ○○.경 사이에 ○○자동차보험주식회사의 대리점 내지 설계사로 근무한 사실이 없음은 사실조회결과 명백하고, 고소인 또한 위 회사의 직원으로 근무한 바 없는 사실은 전후 사정에 비추어 명백하므로 김○환의 진술은 도대체 신빙성이 없습니다.

(4) 금원을 차용해 준 경위, 시기 및 액수

(가) 고소인은 위에서 본 바와 같이 ○○○○. ○○. ○○.김○환으로부터 자신의 타우너 승합차를 담보로 ○○○만원을 빌렸는데, 변

제기는 3개월 후인 같은 해 ○○. ○○. 이자는 월 ○할 ○푼으로 정하고, 선이자로 ○○○만원을 공제한 후, 실제로 수령한 돈은 ○○○만원이며 김○환이 공증서류를 작성한다고 하여 인감증명서, 주민등록등·초본, 신분증 및 도장등을 교부했다고 일관되게 진술했습니다. 그런데 김○환은 처음 사법경찰관 면전에서 "고소인이 ○○○○. ○○. ○○.여자문제라면서 돈이 급히 필요하다면서 ○○○만원을 주면 일주일 후 ○○○만원을 주겠다면서 ○○○만원의 영수증을 써 주었고, 같은 해 ○○. ○○. 사무실 근처 식당에서 직원들과 회식 중 고소인이 여자와 동거하는데 집을 구해야 한다면서 ○○○만원을 빌려가면서 ○○○만원을 주겠다고 영수증을 작성해 주었고, 공증서류를 작성하기 위하여 인감증명서, 주민등록등·초본 같은 서류는 절대 받은 사실이 없다"고 진술하였습니다. 그러다가 부평경찰서에 제출한 진술서에서는 " ○○○○. ○○. ○○. 고소인이 찾아와 교통사고가 났다면서 급히 돈 ○○○만원이 필요하다고 사정하여 처음에는 거절하였는데, 이틀 후 다시 찾아와 차를 할부로 구입하여 팔면 그 차액이 ○○○여만 원이 되는데 그 차액으로 돈을 갚겠다고 하여 그 날 2회에 걸쳐 ○○○만원을 빌려 주었다"고 진술하더니, 다시 "실제로 고소인에게 돈을 차용해 준 것은 ○○○○. ○○. ○○.이 아니라 ○○○○. ○○. ○○.자로 ○○○만원, ○○○○. ○○. ○○.자로 ○○○만원 도합 2회에 걸쳐 ○○○만원을 빌려주었고, 당시 담보서류로 인감증명서 1통, 주민등록등본 1통, 문방구 어음 2매를 받은 것이 전부이고 그 서류를 받은 것은 고소인이 돈을 갚지 않을 경우 고소인의 재산에 압류하기 위하여 미리 받아 놓은 것이다." 라고 진술하고 있습니다, 이와 같이 돈을 빌려준 경위, 회수, 날짜 및 액수는 물론 인감증명서 등의 공증용서류의 수신여부에 대하여도 진술시마다 그 내용을 달리하고 있습니다.

(나) 또한 김○환은 고소인과 대질 신문 시 "…(고소인이) 다마스 차량 서류를 담보로 걸겠다고 하여 그 말을 믿고 …돈을 …주었다"고

진술하다가(피의자신문조서, 다마스는 타우너의 착오로 보입니다), 고소인의 무고혐의에 대한 신문 시에는 "처음에 돈을 빌려줄 때, 고소인 소유의 다마스 승합차를 담보로 잡은 것도 아니고 차를 보지도 못했다"고 부인하는 등 승합차를 담보로 설정했었는지 여부에 대하여도 일관성이 없기는 마찬가지입니다.

(5) 여기서 특히 주목되는 것은 사채업자인 김○환이 ○○○만원씩을 빌려주면서 이자로서 단지 "○만원씩만을 받기로 했다"는 진술부분입니다. 이 부분에 관한 한 김○환의 진술은 일관합니다. 그의 입장에서 고리채를 숨기기 위해 그렇게 줄일 수밖에 없다는 사정은 그렇다 치더라도 동인을 수사하는 사법경찰관으로서는 김○환 진술의 전반적 신빙성의 차원에서 왜 그에 대한 아무런 추궁이 없었는지 지극히 의아스럽습니다. 사채업의 실상에 비추어 도저히 이해가 되지 않는 부분이기 때문입니다.

(6) 결국 사법경찰관의 이 사건에 대한 수사는 여러모로 미진했다고 지적하지 않을 수 없습니다. 사법경찰관의 불 송치이유의 결론대로 이 사건에서 고소인의 의사에 따라 할부대출과 신차매매가 이루어졌다면 우선 차량인도 확인서상의 "자동차세, 기타 공과금 및 범칙금은 고소인이 책임지기로 한다."라는 기재는 왜 들어갔는지 해명이 되어야 합니다. 아울러 영수증상의 "○○○○"의 기재라든가 이른바 차 깡만으로 차용금을 변제받기로 했다 면서도 ○○○○. ○○. ○○.약속어음채권을 가지고 고소인의 자동차에 진즉 가압류결정을 받아내게 된 저 이는 어디에 있었는지, 그리고 기본적으로 사채업자임이 분명한 김○환이가 특별한 관계도 없는 고소인에게 ○○○만원씩 두 번을, 이자는 겨우 5만 원씩으로 대여한다는 것이 도대체 있을법한 일인 것인지 기타 위에서 나온 여러 가지 의문점, 그리고 김○환 진술의 모순점 등을 심층 있게 파고들어 수사를 했어야 하고 경우에 따라서는 위 확인서상의 필적의 상위여부도 감정 등을 통해 규명했어야 합니다. 또한 가능하면 새 차 아반떼를 일부 돈을 대준 후 값싸게 샀다는 같은 사무실의 정○욱의 실재여부 및 실재한다면 그의 진술도 직접 들어서

석연치 않은 김○환 진술의 그 부분 진위여부도 따져보고 아울러 할부금융회사의 관계자 진술도 들어보았어야 옳습니다. 왜냐하면 할부대출금이 나가는데도 연대보증인 없이 주 채무자의 신청만으로 가능했다는 점이 아무래도 석연치 않기 때문입니다. 결국 김○환이가 고소인으로부터 받았다는 차용금에 관한 서류는 어느 하나 제대로 갖춰진 것이 없다는 결론이 되기 때문입니다. 특별히 그럴만한 사정도 없고 또 그렇게 하는 것이 사채업계의 관행이라고 볼만한 아무런 자료도 없습니다. 이와 같이 어느 하나 제대로 갖춰진 것이 없는 서류임에도 그곳에 고소인의 서명 또는 인영이 하나 들어있다 하여 그것만으로 모든 의문을 잠재우는 식의 판단을 한다면 이는 지극히 위험한 발상이라 아니할 수 없습니다. 사채업자가 무슨 용도에 쓰이는지도 모를 서류를 들이대며 무지한 차용인의 다급한 처지를 악용할 소지는 얼마든지 있기 때문입니다. 서류상 미비점이 수두룩한 이 사건에 있어서는 더욱 김○환 진술의 신빙성 및 이 건 사채대여 당시의 동인의 처지나 행적을 면밀히 따져 보지 않을 수 없습니다. 이 사건은 피고소인들이 무혐의가 되는 경우 무고로 고소인이 처벌받게 되기 때문입니다. 고소인에게 할부대출에 관한 단순한 민사상 책임의 귀속여부 차원과는 달리 사법경찰관이 잘못 판단되는 경우 처벌의 문제가 뒤바뀌게 됩니다. 그러므로 사법경찰관으로서는 의문의 여지가 전혀 없도록 면밀하게 또 다각적으로 수사가 요구되는 이유입니다.

(7) 이 사건 수사를 담당한 사법경찰관으로서는 당연히 의심을 갖고 조사하여야할 중요한 사항을 조사하지 아니하는 등 정의와 형평에 현저히 반하는 자의적인 수사를 하거나 중요한 사실에 관한 자의적인 판단을 하고 이에 기하여 혐의 없음의 이유로 불 송치결정을 한 것은 중대한 수사미진과 법리오해의 잘못이 있습니다.

4. 결론

이 사건 수사를 담당한 사법경찰관 경위 ○○○의 불 송치결정은 중대한 수사미진과 사문서위조죄의 구성요건 법리오해의 잘못이 있으므로 다시 적정한 재수사의 처분이 필요하다 할 것이므로, 이에 이의신청을 제기하게 된 것입니다.

4. 이의신청 결과통지서 수령방법

종류	서면 / 전화 / 팩스 / 전자우편 / 문자메시지

5. 소명자료 및 첨부서류

   (1) 수사결과 통지서(고소인 등 불 송치)   1통

○○○○ 년 ○○ 월 ○○ 일

위 이의신청인 : ○ ○ ○   (인)

인천시 부평경찰서장 귀중

불 송치 결정 이의신청서

사 건 번 호 : ○○○○년 형제○○○○호 폭행 및 강제추행

신 청 인 : ○   ○   ○

광주광역시 ○○경찰서장 귀중

불 송치 결정 이의신청서

1. 신청인

성 명	○ ○ ○	주민등록번호	생략
주 소	광주광역시 ○○구 ○○로 ○○길 ○○, ○○○		
직 업	상업	사무실 주 소	생략
전 화	(휴대폰) 010 - 9123 - 0000		
기타사항	이 사건 고소인 겸 이의신청 신청인입니다.		

2. 경찰 결정 내용

사건번호	○○○○년 형제○○○○호
죄 명	폭행 및 강제추행
결정내용	혐의 없음(증거불충분) 불 송치 결정

3. 이의신청 이유

이의신청인(이하'고소인'이라고 줄여 쓰겠습니다)은 피고소인 ○○○(이하'피의자'라고 하겠습니다)을 ○○○○. ○○. ○○. 광주광역시 ○○경찰서 ○○○○년 형제○○○○호 폭행죄 및 강추행죄로 고소한 사건에 관하여 ○○경찰서 사법경찰관 경위 ○○○은 ○○○○. ○○. ○○. 피의자에게 혐의 없음(증거불충분)의 이유로 불 송치 결정을 하였는바, 이는 부당하므로 아래와 같이 이의신청을 제기합니다.

- 아 　 래 -

1. 사건의 개요

　가. 고소인은 ○○○○. ○○. ○○. 피고소인(이하,'피의자'라고 합니다) 폭행죄
　　　및 강제추행죄로 고소하였는데 그 피의사실의 요지는 다음과 같습니다.

　　　○ 피의자와 고소인은 광주광역시 ○○구 ○○로길 ○○, 소재 ○○고등학
　　　　　교 ○○학년 ○○반 학생들입니다.

　　　　(1) 피의자는 ○○○○. ○○. ○○. ○○:○○경 ○○고등학교 ○○학년
　　　　　　○○반 교실에서, 고소인이 메고 있던 가방끈을 손으로 잡아당기
　　　　　　고, ○○○○. ○○. ○○. ○○:○○경 ○○고등학교 앞 횡단보도
　　　　　　에서, 고소인의 손목을 잡고 ○○역까지 끌고 가 폭행하였습니다.

　　　　(2) 피의자는 ○○○○. ○○. ○○. ○○:○○경 ○○고등학교 운동장에
　　　　　　서, 체육수행평가 중인 고소인의 어깨를 손으로 주무르고 두드리
　　　　　　다가 어깨 위에 손을 올려 강제추행하였습니다.

　나. 이 사건 수사를 담당한 사법경찰관은 고소인의 피의자에 대한 언어폭력과
　　　관련하여 신고가 이루어진 후에 비로소 고소인의 신고가 이루어진 점에
　　　비추어 피해사실에 관한 고소인 진술의 신빙성을 인정하기 어렵다고 보고
　　　혐의 없음 증거불충분의 이유로 불 송치결정을 하였습니다.

2. 고소인의 주장 요지

　가. 고소인은 피의자에 대한 카카오 톡 언어폭력을 처음부터 솔직히 자백하고 인
　　　정하였으므로 굳이 그에 대한 대응으로 피의자를 고소할 이유가 없었습니다.

　나. 통상 지인과의 관계에서 벌어지는 성범죄 피해의 신고나 고소는 피해시점
　　　으로부터 수개월에서 수년이 지나 이루어진다는 점만 보더라도 고소인의
　　　진술이 일관되고 이를 뒷받침하는 여러 목격자와 증인이 존재한다는 점
　　　등에 비추어 볼 때 이 사건 불 송치결정은 자의적 처분에 해당합니다.

3. 피의자에 대한 내사

　　가. ○○○○. ○○. ○○. ○○고등학교 ○○교사 홍○○은 고소인의 피해 진술에 따라 117학교폭력 신고를 하였고, 이에 경찰에서 피의자에 대한 내사를 진행하였습니다.

　　나. 고소인은 ○○○○. ○○. ○○. 경찰에서 피의사실과 같은 피해를 입었다고 진술하면서, 부끄러움과 와전된 소문이 날 가능성, 부모님의 걱정에 대한 우려 등으로 피해를 입은 즉시 신고를 하지 못하였다는 취지로 진술까지 스스로 하였습니다.

　　다. 고소인 및 김○○, 양○○, 정○○, 최○○이 사이버공간(카카오 톡)에서 피의자 및 정□□, 김□□, 박○○를 욕하면서 언어폭력을 가한 것에 관하여 ○○○○. ○○. ○○.학교폭력대책자치위원회가 열렸고, 피해학생들에게 심리상담 및 조언, 가해학생들에게는 피해학생 및 신고·고발학생에 대한 접촉, 협박 및 보복행위의 금지, 특별교육이수 2시간 등의 조치결정이 이루어졌습니다.

　　라. 피의자는 ○○○○. ○○. ○○. 경찰에서 피의사실과 같은 행동을 한 적이 없다는 취지로 진술하였습니다.

4. 사법경찰관의 자의적인 판단

　　가. 위에 대하여 사법경찰관은 고소인의 피의자에 대한 언어폭력과 관련하여 신고가 이루어진 후에 비로소 고소인의 신고가 이루어진 점에 비추어 피해사실에 관한 고소인 진술의 신빙성을 인정하기 어렵다고 보았습니다.

　　나. 고소인이 피해를 주장하는 시점으로부터 수개월 이상 떨어진 시점에서, 특히나 피의자가 고소인 등을 학교폭력으로 신고한 이후에 피해 진술을 함으로써 그 의도나 순수성을 의심할 만한 정황이 있었던 점은 인정된다고 판단하였습니다.

　　다. 그러나 고소인으로부터 피해 진술을 청취한 학교 생활부장교사에 의한

117신고 내용과 고소인의 경찰 진술의 주요 부분이 일관되게 진술되어 있고, 경험칙에 비추어 비합리적이거나 진술 자체로 모순되는 부분이 있다고 보이지 아니하므로 그 진술의 신빙성을 특별한 이유 없이 함부로 배척해서는 아니 된다(대법원 2018. 10. 25. 선고 2018도7709 판결 참조). 특히 성폭행이나 성희롱 사건의 경우 그 사건이 발생한 맥락에서 성차별 문제를 이해하고 양성평등을 실현할 수 있도록'성인지 감수성'을 잃지 않도록 유의하여야 한다(양성평등기본법 제5조 제1항 참조). 고소인이 피의자로부터 먼저 학교폭력의 가해자로 신고 된 이후에 피해신고를 하였다는 점만으로 허위로 피의자에게 불리한 진술을 할 만한 동기나 이유로 단정할 수 없습니다. 오히려 고소인의 부모가 제출한 고소인 및 피의자와 같은 반이었던 양○○, 김○○의 서면진술서와 카카오 톡 단체채팅방 대화내용 등에 의하면 고소인이 주장하고 있는 피의자로부터의 폭행 등 피해가 고소인의 피의자에 대한 학교폭력의 원인 및 동기가 된 것으로 볼 여지 또한 충분히 있습니다.

라. 또한 고소인의 부모는 ○○○○. ○○. ○○.경 트위터에 게재된 피해사실 관련 글을 사법경찰관에게 제출하였는바, 고소인의 피해 진술을 뒷받침할 만한 객관적인 물증이 확보되지 못하였음을 이유로 고소인 진술의 신빙성을 섣불리 배척하기 어려운 상황입니다.

마. 따라서 사법경찰관으로서는 양○○, 김○○ 등을 상대로 서면진술서 기재 내용의 진위, 특히 피의자로부터 직접 원치 않은 신체적 접촉 피해를 입은 추가 사례 여부 등을 조사하는 한편 트위터 게시 글의 전문을 제출받아 위 트위터의 계정이 누구의 것이고, 위 게시 글은 언제, 누구에 의하여 작성되었으며 그 경위는 어떠한지를 보다 명확하게 확인하여 고소인의 피해 진술의 신빙성을 인정할 수 있는지 여부를 판단했어야 함에도 불구하고 사법경찰관은 이러한 수사를 전혀 하지 않고 자의적인 판단으로 불송치결정을 하였으므로 부당합니다.

5. 피의자의 피의사실 부인

가. 피의자는 피의사실과 같은 행위사실 자체가 없다고 주장하고 있으므로, 피의자 진술의 신빙성을 인정할 수 있는지 여부와 피의자의 폭행 및 강제추행 사실 인정 여부에 대해서는 아래와 같습니다. 앞서 언급한 바와 같이 피의자가 평소 학급친구들에게 상대방이 원치 않은 신체적 접촉을 한 것으로 의심할 만한 정황이 기재된 서면진술서 등이 제출되어 있습니다.

고소인의 이미 제출한 문자메시지를 보면 피의자는 평소 고소인의 의사에 반하여 함께 집에 가자고 요구하여 왔던 적도 있었습니다.

그런데 피의자는 사법경찰관의 조사과정에서 고소인과는 친하지 않아 장난으로라도 고소인이 피의자의 가해행위라고 주장하는 말이나 행동을 하지 않았으며, 고소인과는 수업 후 집에 같이 간 사실은 물론이고 고소인이 주장하는 장소에서 마주친 사실이 전혀 없다는 취지로 진술하였던 점에서 피의자의 혐의 부인 주장을 그대로 믿기 어렵습니다.

나. 사법경찰관은 불 송치이유에서 고소인이 피의자의 다소 심한 장난을 과장했을 수 있다는 의견을 개진하고 있으나, 고소인이 피해를 주장하는 피의사실이 실제 있었다면 이러한 행위는 폭행에 해당할 수 있고, 어깨를 주무르는 행위는 행위자와 피해자의 관계, 행위의 경위, 구체적 행위 태양 등을 종합적으로 고려하여 추행하는지 여부가 판단되어야 한다(대법원 2004. 4. 16. 선고 2004도52 판결 참조).

따라서 수사를 담당한 사법경찰관으로서는 고소인이 제출한 자료와 고소인의 진술의 신빙성과 관련하여 추가로 확인된 내용을 토대로 피의자를 조사하여 피의사실 인정 여부를 판단했어야 하는데 전혀 조사를 한 흔적이 없습니다.

다. 위와 같은 사정을 종합하면, 사법경찰관으로서는 고소인에 의하여 제출된 자료에서 나타나고 있는 학급학생들의 진술, 트위터 게시 글 등을 확인하여 고소인이 주장하는 피해 주장 내용을 명확하게 하는 한편 이를 토대로 피의자를 조사함으로써 피의사실 인정 여부를 최종 판단하였어야 함에도 성범죄 피해신고의 어려움 및 객관적인 증거부재 특성 등에 대한 고려 없이 고소인 피해 진술의 신빙성을 객관적인 물증이 없다는 이유만으로 배척함은 물론이고 피의자의 행동에 대하여 학교 내에서 통상 일어날 수 있는 장난 수준의 행동으로 판단하여 피의자의 혐의를 인정할 수 없다고 단정하고 불 송치결정을 하고 말았습니다.

라. 소결

○ 결국 사법경찰관의 이 사건 불 송치결정은 그 결정에 영향을 미친 중대한 수사미진 또는 증거판단의 잘못이 있습니다.

6. 결론

○ 그렇다면 이 사건 고소사실에 대한 사법경찰관 ○○○의 불 송치결정은 그 결정에 영향을 미친 중대한 수사미진 및 증거판단의 잘못이 있으므로 다시 재수사를 하게하여 기소 여부를 최종적으로 결정하여야 할 것입니다.

4. 이의신청 결과통지서 수령방법

종류	서면 / 전화 / 팩스 / 전자우편 / 문자메시지

5. 소명자료 및 첨부서류

(1) 수사결과 통지서(고소인 등 불 송치)   1통

○○○○ 년 ○○ 월 ○○ 일

위 신청인 : ○ ○ ○   (인)

광주광역시 ○○경찰서장 귀중

불 송치 결정 이의신청서

사 건 번 호 : ○○○○년 형제○○○○호 모욕 및 폭행

신 청 인 : ○   ○   ○

경기도 고양시 일산경찰서장 귀중

불 송 치 결 정 이의신청서

1. 신청인

성 명	○ ○ ○		주민등록번호	생략
주 소	경기도 고양시 일산구 ○○로 ○○길 ○○, ○○○			
직 업	상업	사무실 주 소	생략	
전 화	(휴대폰) 010 - 2345 - 0000			
기타사항	이 사건 고소인 겸 이의신청 신청인입니다.			

2. 경찰 결정 내용

사건번호	○○○○년 형제○○○○호
죄 명	모욕 및 폭행
결정내용	혐의 없음(증거불충분) 불 송치 결정

3. 이의신청 이유

이의신청인(이하'고소인'이라고 줄여 쓰겠습니다)은 피고소인 ○○○(이하'피의자'라고 하겠습니다)을 ○○○○. ○○. ○○. 경기도 고양시 일산경찰서 ○○○○년 형제○○○○호 모욕죄 및 폭행죄로 고소한 사건에 관하여 일산경찰서 사법경찰관 경위 ○○○은 ○○○○. ○○. ○○. 피의자에게 혐의 없음(증거불충분)의 이유로 불 송치 결정을 하였는바, 이는 부당하므로 아래와 같이 이의신청을 제기합니다.

1. 사건 개요

　가. 고소인은 피고소인(이하,'피의자'라고 하겠습니다)을 ○○○○. ○○. ○○. 모욕 및 폭행죄로 고소하였는데 그 피의사실의 요지는 다음과 같습니다.

　　○ 피의자는 ○○○○. ○○. ○○. ○○:○○경 경기도 고양시 ○○구 ○○로 ○○, 소재 ○○고등학교 2학년 ○○반 교실에서 같은 반 친구인 고소인의 머리를 보고 남자 성기를 지칭하는 표현인' 버섯머리'라고 놀리고, 같은 달 ○○. ○○:○○경 같은 장소에서 고소인에게'버섯버섯'이라고 놀리고, 같은 달 ○○. 시간 불상 경 고소인의 카카오스토리에 들어가 카카오스토리를 방문한 사람들이 볼 수 있도록'버섯'이라는 댓글을 남겨 각 모욕하고, ○○○○. ○○. ○○. ○○:○○ 위 교실에서 고소인의 엉덩이를 손바닥으로 1회 때려 폭행하였습니다.

　나. 이 사건 수사를 담당한 경기도 고양시 일산경찰서 사법경찰관 ○○○은 (1)피의자를 포함하여 급우들이 고소인을 같은 별명으로 불러왔고, 버섯이 성기를 연상시킨다는 사실을 잘 알지도 못하였으며, 사춘기 고등학생 시절에 별명이 장난스럽게 불러지는 것이 자연스러운 점을 고려할 때 피의자의 행위를 모욕죄로 의율하는 것은 지나친 법률해석으로 모욕죄가 성립할 수 없다. (2)피의자의 행위가 통상 고등학교 학생들 사이에 일어날 수 있는 경미한 장난에 불과한 것이므로 타인에 대한 유형력의 행사로 보기 어려워 폭행죄가 성립할 수 없다는 이유를 들어 불 송치결정을 한다는데 있습니다.

2. 이의신청의 요지

　가. 모욕 부분

　　○ 다수의 반 친구들이 버섯머리를 남자의 성기를 연상하는 것으로 모욕적 별명으로 이해하고 있는 점, 이와 같은 상황에서 피의자는 다수가

접근할 수 있는 카카오스토리에 고소인을 지칭하며 ' 버섯머리'라고 놀린 점, 이로 인해 고소인이 피해를 호소하며 고소하기에 이른 점을 종합하면, 피의자의 행위를 고소인의 인격적 가치와 명예를 깎아 내리는 경멸의 의사표시로 이해하여야 합니다.

나. 폭행 부분

○ 형법상 폭행죄의 폭행은 사람의 신체에 대한 유형력의 행사를 의미하고, 사람의 신체에 대한 유형력의 행사 방법에는 제한이 없어 직접적, 간접적 수단, 작위, 부작위 모두 가능하다 할 것이므로 피의자가 고소인의 엉덩이를 때린 행위는 폭행죄의 폭행에 해당합니다.

다. 사법경찰관의 불 송치이유 요지

(1) 피의자를 포함하여 급우들이 고소인을 같은 별명으로 불러왔고, 버섯이 성기를 연상시킨다는 사실을 잘 알지도 못하였으며, 사춘기 고등학생 시절에 별명이 장난스럽게 불러지는 것이 자연스러운 점을 고려할 때 피의자의 행위를 모욕죄로 의율하는 것은 지나친 법률해석으로 모욕죄가 성립할 수 없다.

(2) 피의자의 행위가 통상 고등학교 학생들 사이에 일어날 수 있는 경미한 장난에 불과한 것이므로 타인에 대한 유형력의 행사로 보기 어려워 폭행죄가 성립할 수 없다.

라. 고소인의 주장 요지

(1) 모욕 부분

다수의 반 친구들이 버섯머리를 남자의 성기를 연상하는 것으로 모욕적 별명으로 이해하고 있는 점,

이와 같은 상황에서 피의자는 다수가 접근할 수 있는 카카오스토리에 피의자를 지칭하며 '버섯머리'라고 놀린 점,

이로 인해 고소인이 그 피해를 호소하며 고소하기에 이른 점을 종합하면, 피의자의 행위를 고소인의 인격적 가치와 명예를 깎아 내리는 경멸의 의사표시로 모욕죄가 성립합니다.

(2) 폭행 부분

형법상 폭행죄의 폭행은 사람의 신체에 대한 유형력의 행사를 의미하고, 사람의 신체에 대한 유형력의 행사 방법에는 제한이 없어 직접적, 간접적 수단, 작위, 부작위 모두 가능하다 할 것이므로 피의자가 고소인의 엉덩이를 때린 행위는 폭행죄의 폭행에 해당합니다.

3. 모욕 혐의에 대하여,

가. 모욕죄(형법 제311조)에 있어서 '모욕'은 사실을 적시하지 아니하고 단순히 사람의 사회적 평가를 저하시킬 만한 추상적 판단이나 경멸적 감정을 표현하는 것을 뜻하는바, 사람의 사회적 평가를 저하시킬 만한 추상적 판단이나 경멸적 감정을 표현하였는지 여부는 추상적·일반적으로 결정될 수 없는 성질의 것이므로 이에 해당하는지 여부는 사회통념과 건전한 상식에 따라 구체적·개별적으로 정해질 수밖에 없습니다.

모욕의 해당 여부는 피해자의 주관적 감정이 아니라 구체적 상황을 고려한 다음 사회통념에 의하여 객관적 의미 내용에 따라 판단하여야 할 것이다. 언어 또는 거동이 타인의 명예에 대한 경멸의 의사표시인가를 판단하자면 그것이 표시된 상황, 그것이 표시된 장소, 표시의 상대방, 의사표시 전체의 의미관련성 등이 종합적으로 검토되어야 합니다.

나. 그렇다면 사법경찰관으로서는 모욕죄의 성립 요건과 관련하여 이러한 표현이 피의자의 고소인에 대한 경멸적 감정을 표현한 것인지 여부에 대하여 그것이 표시된 상황, 그것이 표시된 장소, 표시의 상대방, 의사표시 전체의 의미관련성 등을 수사를 통하여 자세히 살펴보았어야 함에도 오로지 피의자의 진술에 기초하여 곧바로 모욕죄를 인정할 수 없다고 불 송치결정을 한 잘못이 있습니다.

4. 폭행 혐의에 대하여,

　　가. 형법상 폭행죄의 폭행은 사람의 신체에 대한 유형력의 행사를 의미하고
　　　　(대법원 1984. 2. 14. 선고 83도3186, 83감도535 판결 등 참조), 사람
　　　　의 신체에 대한 유형력의 행사 방법에는 제한이 없어 직접적, 간접적 수
　　　　단, 작위, 부작위 모두 가능하다 할 것이나, 사람의 신체에 대한 불법한
　　　　공격이라고 볼 정도의 것이어야 할 것이다(대법원 1986. 10. 14. 선고
　　　　86도1796 판결 참조).

　　나. 그렇다면 사법경찰관으로서는 고소인과 피의자의 대질 조사 등을 통하여
　　　　당시 피의자가 장난으로 고소인의 엉덩이를 때렸는지 여부, 그 강도는 어
　　　　느 정도였는지 여부를 면밀히 수사한 후 폭행죄의 폭행에 해당하는지를
　　　　가려야 함에도 이에 대한 별다른 고려 없이 바로 폭행죄를 인정되지 아니
　　　　한다고 불 송치결정을 한 잘못이 있습니다.

　　　　따라서 이 사건 불 송치결정은 위와 같이 그 결정에 영향을 미친 중대한
　　　　법리오해 및 수사미진의 잘못이 있습니다.

5. 결론

　　그렇다면 수사가 미진한 상태에서 사법경찰관 ○○○이 피의자에 대하여 혐의
　　없음을 이유로 한 불 송치결정은 부당하므로 다시 철저한 재수사를 하게 하
　　여 기소 여부를 최종적으로 결정하여 주시기 바랍니다.

4. 이의신청 결과통지서 수령방법

종류	서면 / 전화 / 팩스 / 전자우편 / 문자메시지

5. 소명자료 및 첨부서류

(1) 수사결과 통지서(고소인 등 불 송치)   1통

○○○○ 년 ○○ 월 ○○ 일

위 신청인 : ○   ○   ○   (인)

경기도 고양시 일산경찰서장 귀중

불 송치 결정 이의신청서

사 건 번 호 : ○○○○년 형제○○○○호 사기죄

신 청 인 : ○   ○   ○

강원도 원주경찰서장 귀중

불 송 치 결 정 이의신청서

1. 신청인

성 명	○ ○ ○		주민등록번호	생략
주 소	원주시 ○○로 ○○길 ○○, ○○○-○○○○호			
직 업	상업	사무실 주 소	생략	
전 화	(휴대폰) 010 - 7723 - 0000			
기타사항	이 사건 고소인 겸 이의신청 신청인입니다.			

2. 경찰 결정 내용

사건번호	○○○○년 형제○○○○호
죄 명	사기죄
결정내용	혐의 없음(증거불충분) 불 송치 결정

3. 이의신청 이유

이의신청인(이하'고소인'이라고 줄여 쓰겠습니다)은 피고소인 ○○○(이하'피의자'라고 하겠습니다)을 ○○○○. ○○. ○○. 강원도 원주경찰서 ○○○○년 형제○○○○호 사기죄로 고소한 사건에 관하여 원주경찰서 사법경찰관 경위 ○○○은 ○○○○. ○○. ○○. 피의자에게 혐의 없음(증거불충분)의 이유로 불 송치 결정을 하였는바, 이는 부당하므로 아래와 같이 이의신청을 제기합니다.

- 아 　 래 -

1. 사건의 개요

가. 고소인은 피의자를 사기죄로 고소하였는바, 그 고소사실의 요지는 다음과 같습니다.

○ 피의자는 경기도 용인시 ○○구 ○○로길 ○○, 소재 3층 건물을 소유하면서 위 건물을 제3자에게 임대하는 사업을 하는 개인사업 자이고, 고소인은 고소 외 신○례가 위 건물 중 일부를 임차하여 운영하던'○○한정식당'의 종업원이었습니다. 피의자는 고소인으로부터 돈을 빌리더라도 이를 변제할 의사나 능력이 없음에도 불구하고,

(1) ○○○○. ○○. ○○. ○○:○○경 위 ○○한정식당에서, 고소인에게 위 건물에 대한 가압류를 해제하기 위하여 금 ○,○○○만원이 급하게 필요하게 되었는데, 위 가압류를 해제한 다음 지체 없이 이를 변제하겠다고 거짓말하여, 이에 속은 고소인으로부터 즉석에서 금 ○,○○○만 원을 교부받고,

(2) ○○○○. ○○. ○○.경 위 같은 장소에서, 고소인에게 위 가압류를 해제하기 위한 환경세납부를 위하여 추가로 금 ○,○○○만원이 필요하다고 거짓말하여, 이에 속은 고소인으로부터 즉석에서 금 ○,○○○만원을 교부받고,

(3) 같은 달 ○○.경 같은 장소에서, 고소인에게 고소 외 서○석과의 재판에 관한 비용으로 금 ○,○○○만원이 필요하다고 거짓말하여, 이에 속은 고소인으로부터 즉석에서 금 ○,○○○만원을 교부받고,

(4) 같은 해 ○○. ○○. ○○:○○경 같은 장소에서, 고소인에게 금 500만원을 빌려주면 위 ○○한정식당에 관한 위 신○례와의 임대차계약을 해지하고 고소인과 새로운 계약을 체결하겠다고 거짓말하여, 이에 속은 고소인으로부터 즉석에서 금 ○○○만원을 교부받고,

(5) 같은 달 ○○. ○○.경 같은 장소에서, 고소인에게 위 서○석과의 재판에 필요한 지문감정비용으로 금 ○○○만원이 필요하다고 거짓말하여, 이에 속은 고소인으로부터 즉석에서 금 ○○○만원을 교부받는 등, 총 5회에 걸쳐 고소인으로부터 합계 금 ○,○○○만원을 교부받아 이를 편취한 것입니다.

나. 강원도 원주경찰서 사법경찰관 경위 ○○○은 ○○○○. ○○. ○○. 피의자가 고소인에게 합계 금 ○,○○○만원을 빌려주었다는 점을 인정할 만한 증거자료가 없다는 이유로 혐의 없음 불 송치결정을 하였습니다.

2. 일반적인 차용사기죄의 성립요건

가. 대법원은,'차용금의 편취에 의한 사기죄의 성립 여부는 차용 당시를 기준으로 판단하여야 하고, 피고인이 차용 당시에는 변제할 의사와 능력이 있었다면 그 후에 차용사실을 전면 부인하면서 변제를 거부한다고 하더라도 이는 단순한 민사상의 채무불이행에 불과할 뿐 형사상 사기죄가 성립한다고 할 수 없다. 한편, 사기죄의 주관적 구성요건인 편취의 범의의 존부는 피고인이 자백하지 아니하는 한 범행 전후의 피고인의 재력, 환경, 범행의 내용, 거래의 이행과정, 피해자와의 관계 등과 같은 객관적인 사정을 종합하여 판단하여야 한다.'라는 취지로 판시하고 있습니다(대법원 1998. 1. 20. 선고 97도2630 판결(공1998상, 639), 대법원 1996. 3. 26. 선고 95도3034 판결(공1996상, 1468) 등).

나. 불 송치이유 요지

○ 사법경찰관 경위 ○○○은 고소인과 피의자의 금전거래관계에 관련하여 차용증 등이 작성되지 아니하였고, 피의자는 금전 차용사실 자체를 부인하고 있다.

○ 따라서 만일 다른 증거자료를 근거로 하여 고소인과 피의자 사이의 금전거래관계 등이 인정된다면, 비록 그러한 사유만으로 사기죄가 성립

된다고 단정할 수는 없지만, 그 당시 피의자에게 편취범의가 있었다고 볼 수 있는지 여부를 의심할 만한 객관적인 사정은 존재한다고 할 수 없으므로 불 송치결정을 한다는데 있습니다.

3. 이의신청의 요지

　가. ○○○○. ○○. ○○.금전거래에 관하여,

　　○ 우선 피의자는 사법경찰관의 면전에서 고소인으로부터 ○○○○. ○○. ○○. 금 ○,○○○만원을 교부받은 적이 없고, 다만 그 무렵 위 신○례로부터 환경세 대납 명목으로 금 ○○○원 정도를 교부받은 적이 있을 뿐이라는 취지로 진술하였습니다.

　　○ 그런데 사법경찰관의 ○○은행에 대한 사실조회 회보 서에 의하면, 고소인이 ○○○○. ○○. ○○.피의자에게 교부하였다고 주장하고 있는 자기앞수표 ○○○만원권 1매(○○은행 라가○○○○○○○)와 ○○○만 원 권 7매(○○은행 라가□□□□□□□□-□)를 피의자가 그 다음날인 ○○○○. ○○. ○○. 그 명의의 예금계좌에 편철된 임대차재계약서 사본에 기재된 피의자의 계좌번호에 입금한 사실을 인정할 수 있습니다,

　　○ 위 신○례는 ○○○○. ○○. ○○. 사법경찰관에게 출석하여 고소인이 ○○○○. ○○. ○○. 피의자에게 금 ○,○○○만원을 대여하였다는 취지로 진술하였습니다.

　나. ○○○○. ○○. ○○.금전거래에 관하여,

　　○ 고소인은 고소인 보충진술 시 위 신○례의 아버지인 신○섭으로부터 자기앞수표 100만 원 권 5매를 빌려서 이를 피의자에게 대여하였고 진술하였습니다.

　　○ 피의자는 그 당시 고소인으로부터 금 500만원을 교부받은 것은 사실이지만, 이는 위 신○섭이 피의자에 대한 신○례의 연체월세를 대신

변제하기 위하여 고소인에게 맡겨놓았던 것을 전달받은 것에 불과하다는 취지로 둘러대고 있습니다.

○ 그런데 위 신○섭은 ○○○○. ○○. ○○. 사법경찰관에게 ○○○○. ○○. ○○. 고소인에게 금 500만원을 빌려준 다음 2회에 걸쳐 금 ○○만 원 정도의 이자를 받았다고 진술하면서, 고소인으로부터 교부받았다는 ○○○○. ○○. ○○.자 금 500만원에 관한 차용증을 제출하였고, 위 신○례는 ○○○○. ○○. ○○.사법경찰관의 면전에서 고소인의 주장에 부합하는 취지의 진술을 하였습니다.

다. 소결론

(1) 그렇다면 피의자가 위 차용금에 대한 편취의 범의를 부인하고 있음에도 불구하고 위와 같은 객관적 사정 등을 종합하면 피의자의 범의를 충분히 인정할 수 있음에도 사법경찰관은 피의자에게 편취범의가 있었다고 볼 수 없고 의심할 만한 객관적인 사정은 존재한다고 할 수 없다는 이유를 들어 불 송치결정을 한 것은 충분한 조사를 다하지 않은 잘못이 있습니다.

(2) 사기죄가 성립된다고 고소인이 수사과정에서 두 사람 사이의 금전거래에 신○례, 신○섭 등이 밀접하게 관련되어 있다고 진술하였으므로 사법경찰관은 불 송치결정 이전에 위 신○례, 신○섭을 참고인으로 소환·조사하거나, 피의자의 예금계좌에 대한 압수수색을 하는 등의 방법으로 고소인과 피의자 사이에 어떠한 유형의 금전거래가 있었는지 여부 및 그 당시 피의자에게 편취범의가 있었는지 여부 등을 적극적으로 조사했어야 함에도 불구하고, 당연히 의심을 갖고 조사하여야 할 중요한 사항을 조사하지 아니하는 등 수사가 미진한 상태에서 불송치결정을 하고 말았습니다.

4. 결론

그렇다면 수사가 미진한 상태에서 사법경찰관 ○○○이 피의자에 대하여 혐의 없음을 이유로 한 불 송치결정은 부당하므로 다시 철저한 재수사를 하게 하여 기소 여부를 최종적으로 결정하여 주시기 바랍니다.

4. 이의신청 결과통지서 수령방법

종류	서면 / 전화 / 팩스 / 전자우편 / 문자메시지

5. 소명자료 및 첨부서류

    (1) 수사결과 통지서(고소인 등 불 송치)   1통

○○○○ 년 ○○ 월 ○○ 일

위 신청인 : ○ ○ ○　　 (인)

강원도 원주경찰서장 귀중

불 송치 결정 이의신청서

사 건 번 호 : ○○○○년 형제○○○○호 협박죄

신 청 인 : ○   ○   ○

경기도 의정부경찰서장 귀중

불 송치 결정 이의신청서

1. 신청인

성 명	○ ○ ○		주민등록번호	생략
주 소	의정부시 ○○로 ○길 ○○, ○○○-○○○○호			
직 업	학원운영	사무실 주 소	생략	
전 화	(휴대폰) 010 - 1235 - 0000			
기타사항	이 사건 고소인 겸 이의신청 신청인입니다.			

2. 경찰 결정 내용

사건번호	○○○○년 형제○○○○호
죄 명	협박죄
결정내용	혐의 없음 불 송치 결정 및 수사중지 결정

3. 이의신청 이유

이의신청인(이하 '고소인'이라고 줄여 쓰겠습니다)은 피고소인 ○○○외 4명(이하 '피의자'라고 하겠습니다)을 ○○○○. ○○. ○○. 경기도 의정부경찰서 ○○○○년 형제○○○○호 협박죄로 고소한 사건에 관하여 의정부경찰서 사법경찰관 경위 ○○○은 ○○○○. ○○. ○○. 피의자들에게 혐의 없음 불 송치결정 및 수사중지 결정을 하였는바, 이는 부당하므로 아래와 같이 이의신청을 제기합니다.

- 아 래 -

1. 사건의 개요

가. 고소인은 피고소인 허○철 등 4명(이하 앞으로는'피의자'이라고 줄여 쓰겠습니다)을 상해 및 협박 등의 혐의로 고소하였는바, 그 고소사실의 요지는 다음과 같습니다.

피의자 허○철은 고소인 경영의 ○○고시학원을 인수하려고 하였던 사람이고, 피의자 양○심은 위 허○철의 처제이며, 피의자 강○춘은 위 양○심과 이종사촌 사이인 바,

(1) 피의자 허○철, 성명불상 자는 공동하여,

○○○○. ○○. ○○. ○○:○○경 경기도 의정부시 ○○로 ○○, 소재 고소인 경영의 ○○고시학원에서 위 ○○고시학원을 인수하는 조건으로 고소인에게 지급한 권리금 ○○,○○○,○○○원을 반환하라고 요구하면서 이를 반환하지 아니하면 위해를 가할 것 같은 태도를 보여 고소인을 협박하고,

(2) 피의자 허○철, 양○심, 강○춘은 공동하여,

○○○○. ○○. ○○. 경기도 의정부시 ○○로 ○○,소재 ○○고시학원에서 위와 같은 방법으로 고소인을 협박한 다음, 이에 겁을 먹은 고소인으로부터 위 권리금 ○○,○○○,○○○원을 반환하겠다는 내용의 현금보관증 1장을 즉석에서 교부받아 이를 갈취하고,

(3) 피의자 양○심, 강○춘은 공동하여,

○○○○. ○○. ○○.위와 같은 방법으로 고소인을 협박한 다음 이에 겁을 먹은 고소인으로부터 같은 해 ○○. ○○. 및 같은 해 ○○. ○○. 2회에 걸쳐 합계 금 ○,○○○,○○○원을 교부받아 이를 갈취하고,

(4) 피의자 양○심, 강○춘, 성명불상 자는 공동하여,

○○○○. ○○. ○○. 경기도 의정부시 ○○로 ○○, 소재 ○○학원에서 피의자 양○심은 발과 손으로 고소인의 무릎정강이와 머리를 구타하고, 피의자 강○춘은 고소인의 얼굴을 뜯어버리겠다고 위협하고, 위 성명불상 자는 이에 가세하여 고소인에게 위해를 가할 것 같은 태도를 보여 고소인을 협박하고,

(5) 피의자 성명불상 자는 위 강○춘과 공동하여,

○○○○. ○○. ○○.경 위 ○○학원에서 위 권리금 ○○,○○○,○○○원을 반환하지 아니하였다는 이유로 고소인을 구타하여 요치 3주의 두피좌상 등을 가한 것입니다.

나. 사법경찰관은 이 사건을 수사한 후 ○○○○. ○○. ○○. 피의자 허○철 등 3명에 대하여는'혐의 없음'의 불 송치결정을, 피의자 성명불상 자에 대하여는'수사중지'의 결정을 하였습니다.

2. 불 송치결정 및 수사중지 결정

가. 피의자 허○철, 양○심, 강○춘에 대한 부분

○ 피의자 허○철은 ○○○○. ○○. ○○.경 고소인이 운영하던 ○○학원의 일부를 인수하기로 계약하고 권리금으로 ○○,○○○,○○○원을 고소인에게 주었으나 고소인이 이를 제대로 이행하지 않았으므로 자신이 고소인에게 계약해지 및 권리금반환을 요구함에 따라 고소인이 위 권리금을 돌려주겠다고 자발적으로 현금보관증을 작성해 주었고 그중 일부를 지급받은 것이며 위와 같이 고소인에게 돈을 돌려달라고 요구하고 현금보관증을 받아내는 과정에서 고소인을 협박한 적은 없다고 주장하면서 범행을 극구 부인하고,

○ 피의자 양○심, 강○춘 역시 동일한 취지로 변명하면서 범행을 부인하고 있다. 한편 고소인은 피의자들이 여러 차례 ○○고시학원에 찾아와 돈을 돌려 달라고 행패를 부리고 협박하였으며 피의자들의 협박에 못

이겨 어쩔 수 없이 ○○○○. ○○. ○○.현금보관증을 작성해 주고 금 ○,○○○,○○○원을 주었다고 주장하고 있다.

○ 그러나 고소인도 피의자 허○철에게 ○○고시학원을 처분하여 ○○,○○○,○○○원을 돌려주겠다고 말한 사실, 피의자 허○철이 ○○○○. ○○. ○○. 학원을 인수하겠다는 사람을 데려왔으나 고소인이 2달 정도 말미를 달라고 요구하여 그 내용이 현금보관증에 반영된 사실, 그 후 위 ○○고시학원을 처분하였으면서도 현재까지 ○○,○○○,○○○원을 돌려주지 않고 있는 사실을 모두 인정하고 있는 점, ○○○○. ○○. ○○. 피의자 허○철로부터 사기 혐의로 형사 고소를 당하자 ○○○○. ○○. ○○. 뒤늦게 이 사건 고소를 제기한 점 등을 종합하면, 고소인의 주장을 그대로 받아들이기 어렵고, 달리 고소사실을 인정할 증거 없다는데 있습니다.

나. 피의자 성명불상 자에 대한 부분

○ 고소인이 공범이라고 주장하는 성명불상 자에 대하여는 사법경찰관은 그 소재불명을 이유로 수사중지 결정을 하였습니다.

3. 사법경철관의 불 송치결정 및 수사중지 결정 이유

○ 사법경찰관 경위 ○○○은 고소인과 피의자들의 진술이 상반되는 가운데 위 불 송치이유에서 4가지 사실을 근거로 고소인의 주장만으로는 혐의사실을 인정하기 어렵다고 판단하였습니다.

○ 따라서 사법경찰관이 작성한 불 송치이유 및 수사중지이유를 중심으로 사법경찰관의 결정은 아래와 같이 부당합니다.

가. 고소인은 피의자들의 학원인수계약이 피의자들의 인수거절로 사실상 해지되었으므로 피의자들에게 권리금 ○○,○○○,○○○원을 돌려줄 의사가 없었으나 고소인의 협박과 강요에 의하여 이를 돌려주기로 하였다고 진술하고 있으므로 위 피의자들의 진술(고소인도 피의자 허○철에게 ○○고시

학원을 처분하여 ○○,○○○,○○○원을 돌려주겠다고 말한 사실)을 근거로 고소인이 피의자들의 협박이 아닌 스스로의 의사에 의하여 권리금을 반환하기로 약정한 사실을 인정하기 부족합니다.

나. 또한 고소인의 진술이나 고소 외 박○천 등의 진술서에 의하더라도 ○○○○. ○○. ○○.당시 위 ○○고시학원은 학생들이 많아서 이를 매매할 경우 상당한 금액을 받을 수 있었으나 그 후 피의자들의 폭력행위로 학생들이 급감하고 학원 강사들도 퇴직하여 ○○○○. ○○. ○○. 고소 외 김○택에게 위 ○○고시학원을 헐값에 매도하였다고 진술하고 있으므로 고소인이 피의자들의 학원매도 제의를 거절하였다고 하더라도 위 사실이 협박행위가 없었다는 취지의 피의자들 진술에 대한 신빙성을 뒷받침하는 것은 아니라고 할 것입니다.

다. 더 나아가 위 권리금 ○○,○○○,○○○원의 반환기일을 2달간 유예를 받았다는 사실은 고소인이 피의자들로부터 협박을 받은 이후에도 자신의 사정을 설명하고 다소의 양보를 받아낼 수 있다는 점을 감안하면 피의자들의 협박행위를 배척할 만한 자료가 되지는 못합니다.

라. 고소인이 위 권리금 ○○,○○○,○○○원을 현재까지 반환하지 못하고 있는 사실은 이 사건 협박행위와 아무런 관련이 없는 민사상의 문제로서 고소인의 진술을 배척하고 피의자들의 진술을 사실로 인정하는 근거자료가 될 수 없는 것입니다.

마. 고소인은 ○○○○. ○○. ○○. 및 같은 해 ○○. ○○. 피의자들을 고소하였다가 이를 사실상 철회하고 수사기관의 출석요구에 응하지 아니하여 ○○○○. ○○. ○○.위 사건이 각하 처분된 사실이 있으므로 사법경찰관으로서는 "고소인은 피의자들의 사기혐의 고소에 대응하기 위하여 이 사건 고소에 이르렀다"고 고소인의 내심의사를 단정하면서 고소인 주장을 배척한 것은 전제사실을 오인하여 증거가치를 잘못 판단한 것이라 아니할 수 없습니다.

따라서 사법경찰관 경위 ○○○의 불 송치이유에서 제시한 사유만으로는 고소인과 피의자들 사이의 상반된 진술 중 고소인의 진술을 배척하고 피의자들의 진술을 믿기 어렵다고 할 것이므로 사법경찰관의 불 송치 결정은 타당하지 않습니다.

4. 불 송치결정 및 수사중지 결정의 판단유탈 및 수사미진

가. 먼저 이 사건 고소사실에 대한 사법경찰관 경위 ○○○의 판단유탈부분은 고소인이 사건 고소장에서 ○○○○. ○○. ○○.자 협박범행에 대하여 이를 특정하여 기재하면서 이와 같은 불법행위를 처벌하여 달라고 요구하였으며 ○○○○. ○○. ○○. 제1회 진술조서 시 위 범죄사실에 대하여 구체적으로 진술하였고, 반복하여 동 사실에 대하여 수사를 촉구하였습니다.

나. 그러나 사법경찰관은 위 부분에 대하여 전혀 수사를 하지 아니하였으며 혐의유무에 대하여 판단도 하지 않았습니다.

다. 피의자들의 협박행위에 대한 증거자료를 차례로 살펴보면 다음과 같습니다. ①○○고시학원의 관리부장 고소 외 박○천의 진술서에 의하면 피의자들이 폭력배를 동원하여 현금보관증을 교부받고 고소인을 협박하였다고 진술하였음에도 불구하고 사법경찰관은 위 박○천에 대한 참고인 소환조사 등 필요한 조사자체를 하지 아니한 잘못이 있습니다. ②위 ○○고시학원의 강사였던 고소 외 이○구는 ○○○○. ○○. ○○. 고소인이 피의자들의 협박으로 현금보관증을 작성해 주었다는 말을 들었으며 고소인이 없는 자리에서도 피의자들로부터 위 문제로 많이 시달렸다고 진술하였고, 그 이후 제출된 진술에서는 ○○○○. ○○. ○○.에 피의자 강○춘, 양○심이 수차례에 걸쳐 협박을 하면서 ○○고시학원에서 난동을 부렸다고 진술하고 있으므로 피의자들의 협박행위에 대한 증인으로 위 이○구를 조사하여야 함에도 사법경찰관은 이를 누락한 잘못이 있습니다. ③위 ○○고시학원을 인수하였던 고소 외 김○택의 진술에 의하면 ○○○○. ○○. ○○.중순경 위 ○○고시학원에서 피의자 강○춘과 성명불상의 남자 1명으로부터 협박을 당하였다고 하는바, 이러한 사정에 비추어 보면 피의자들이 위 학원문제와 관련하여 고소인에게도 폭력을 사용하였을 가능성이 높으며 이러한 사실에 비추어 보면 고소인의 진술에 더욱더 신빙성이 있습

니다. ④위 ○○고시학원의 총무였던 고소 외 박○욱의 진술에 의하면 고소인이 피의자 허○철로부터 협박을 당하고 업무를 방해 당하였다고 들었다고 진술하고 있으므로 고소인을 상대로 위와 같은 진술의 근거자료에 대하여 사법경찰관으로서는 보완수사를 하면 피의자들에 대한 혐의유무를 충분히 규명할 수 있다고 보여 집니다. ⑤피의자들과 동업하려고 하였던 고소 외 김○현과 고소인 사이의 녹취록에 의하면 위 김○현은 피의자 강○춘 등이 폭력배를 동원하여 자신을 협박하였다고 진술하고 있는 바, 위 김○현의 진술이 사실이라면 피의자들이 고소인을 협박하였을 가능성도 있다고 할 것이므로 위 김○현을 상대로 피의자들로부터 피해를 당하였는지 여부를 조사하여 피의자들의 부인진술이 사실인지 확인할 필요가 있었는데 사법경찰관은 이 부분의 조사는 이루어지지 않았습니다.

라. 피의자 성명불상 자에 대한 수사

고소인은 피의자들의 공범으로서 폭력배로 보이는 성명불상 자가 자신의 ○○고시학원에 찾아와 협박에 가담하였다고 진술하였음에도 불구하고 피의자 허○철, 강○춘은 동행한 사람이 없었으며 협박이나 폭력행위 등을 한 사실이 없다고 고소사실을 부인하고 있습니다. 만일 피의자들의 진술대로 피의자인 허○철, 강○춘 이외에 위 ○○고시학원에 간 사람이 없다면 혐의 없음 처분을 하여야 할 사안임에도 사법경찰관은 위 성명불상자의 존재를 인정하고 수사중지결정을 하였습니다. 그러나 위 ○○고시학원의 강사였던 고소 외 윤○선에 의하면 ○○○○. ○○. ○○. 피의자 강○춘 이외에 남자 1명이 ○○고시학원으로 찾아와 고소인을 데리고 교실안으로 들어갔다고 진술하고 있고, 위 박○천도 위 성명불상 자에 대한 인상착의를 정확하게 진술하고 있으므로 사법경찰관으로서는 위 윤○선, 박○천에 대한 보강수사를 통하여 공범인 성명불상자의 존재 및 가담여부를 규명하여야 함에도 위 부분에 대한 수사를 전혀 하지 않았습니다.

마. 소결론

○ 사법경찰관은 위와 같이 고소인이 제출한 증거자료에 대하여 수사를

하지 아니한 채 증거판단을 잘못하여 이 사건 불 송치결정 및 수사중지결정에 이르렀으므로 증거의 취사선택 및 가치판단 그리고 법률의 적용에 있어 불 송치결정 및 수사중지의 결정에 영향을 미친 중대한 잘못을 범하였다고 보여 집니다.

5. 결론

○ 그렇다면 이 사건 고소사실에 대한 사법경찰관 ○○○의 불 송치 결정 및 수사중지 결정에는 그 결정에 영향을 미친 중대한 판단유탈 및 수사미진의 잘못이 있으므로 다시 재수사를 하게하여 기소 여부를 최종적으로 결정하여야 할 것입니다.

4. 이의신청 결과통지서 수령방법

종류	서면 / 전화 / 팩스 / 전자우편 / 문자메시지

5. 소명자료 및 첨부서류

(1) 수사결과 통지서(고소인 등 불 송치)   1통

○○○○ 년 ○○ 월 ○○ 일

위 신청인 : ○ ○ ○   (인)

경기도 의정부경찰서장 귀중

불 송치 결정 이의신청서

사 건 번 호 : ○○○○년 형제○○○○호 사기죄

신 청 인 : ○   ○   ○

전라북도 군산경찰서장 귀중

불 송 치 결 정 이의신청서

1. 신청인

성 명	○ ○ ○		주민등록번호	생략
주 소	군산시 ○○로 ○○길 ○○, ○○○-○○○○호			
직 업	상업	사무실 주 소	생략	
전 화	(휴대폰) 010 - 9854 - 0000			
기타사항	이 사건 고소인 겸 이의신청 신청인입니다.			

2. 경찰 결정 내용

사건번호	○○○○년 형제○○○○호
죄 명	사기죄
결정내용	혐의 없음(증거불충분) 불 송치 결정

3. 이의신청 이유

이의신청인(이하'고소인'이라고 줄여 쓰겠습니다)은 피고소인 ○○○(이하'피의자'라고 하겠습니다)을 ○○○○. ○○. ○○. 전라북도 군산경찰서 ○○○○년 형제 ○○○○호 사기죄로 고소한 사건에 관하여 군산경찰서 사법경찰관 경위 ○○○ 은 ○○○○. ○○. ○○. 피의자에게 혐의 없음(증거불충분)의 이유로 불 송치 결정을 하였는바, 이는 부당하므로 아래와 같이 이의신청을 제기합니다.

- 아   래 -

1. 사건의 개요

가. 고소의 요지

○ 고소인은 ○○○○. ○○. ○○. 피고소인 ○○○(이하 앞으로는 '피의자' 라고 합니다)를 전라북도 군산경찰서에 고소하였는바 그 요지는 다음과 같습니다.

(1) 피의자는 ○○○○. ○○. ○○.경 고소인의 금원을 편취할 의도 아래 변제의사가 없으면서도 고소인에게 자기 아들 명의로 등기된 전라북도 ○○군 ○○읍 ○○로 ○○○, 대지 ○,○○○.○○㎡와 같은 로 ○○, 임야 ○○,○○○,○○○㎡ 등 2필지 부동산의 시가가 금 ○○,○○○,○○○원 정도밖에 되지 않는데도 금 ○억 원을 호가한다고 하고, 또한 위 토지들 위에 건립된 자기 소유의 건물 등을 철거할 의사가 전혀 없으면서도 이들을 철거하여 고소인의 권리행사에 지장이 없도록 할 터이니 위 토지들에 근저당권 설정을 하고 금 ○○,○○○,○○○원을 대여하여 주면 ○○○○. ○○. ○○.까지는 원리금을 변제하겠다고 거짓말을 하여 고소인을 속이고, 이에 속은 고소인으로부터 ○○○○. ○○. ○○.차용금 명목으로 금 ○○,○○○,○○○원을 교부받아 이를 편취하고,

(2) 피의자는, 위 변제기가 지나도록 원금은커녕 이자도 변제하지 않고 지상건물도 철거하지 아니할 뿐만 아니라 오히려 위 건물들을 타인에게 임대해 버리고 그 사실을 탐지한 고소인으로부터 강력한 항의를 받자, ○○○○. ○○. ○○.채무변제의 1수단을 강구한다는 구실로 고소인에게 자기가 전라북도 군산시 ○○로길 ○○○, 외 4필지의 토지에 조성하고 있는 가든 관광식당이 완성되면 전라북도지사로 있는 사촌형이 융자금 ○○원을 내주기로 되어 있는데, 그 공사자금으로 금 ○○,○○○,○○○원이 요하니 추가로 금 ○○,○○○,○○○원만 더 빌려 주면 위 식당을 완공하여 ○○○○.

○○. ○○.까지는 종전에 빌려 쓴 ○○,○○○,○○○원과 함께 전부 변제하고 그 동안 밀린 이자까지 전부 계산하여 주겠다고 거짓말을 함으로써 어떻게든 돈을 반환 받고 싶은 고소인의 절박한 심리를 이용하여 고소인을 다시 속인 다음 고소인으로부터 금 ○○,○○○,○○○원을 추가로 대여하겠다는 의사표시를 하게 하여 당일 금 ○,○○○,○○○원을 교부받고, 같은 해 ○○. ○○. 및 ○○. ○○.에 각 금 ○,○○○,○○○원씩 3회에 걸쳐 금 ○○,○○○,○○○원을 교부받아 이를 편취하였습니다.

나. 사법경찰관의 불 송치 결정

○ 사법경찰관은 ○○○○. ○○. ○○.피의자에 대하여 '혐의 없음'의 이유로 불 송치결정을 하였는데 그 이유의 요지는 다음과 같습니다.

○ 피의자가 고소인으로부터 그 주장의 금원을 교부받은 사실은 인정되나, 피의자는 전라북도 ○○군 ○○읍 ○○로 등 8필지를 소유하고 지상에 사무실 및 근로자합숙소 등 건물을 건축하여 ○○○○년경까지 골재채취 업을 운영하다가 그만두고 위 건물들을 개축하거나 신축하여 식당을 경영할 생각으로 위 토지들을 담보제공하고 공사자금을 마련하기 위하여 노력하던 중 조경업자인 고소 외 ○○○을 통하여 고소인을 소개받고 같은 로 ○○○, 소재 토지 등 3필지 ○○○.○○○㎡에 대하여 채권최고액 ○○,○○○,○○○원으로 근저당권을 설정하여 주고 금 ○○,○○○,○○○원을 차용하여 공사에 착공하였으나 전라북도 ○○군으로부터 건축허가 없이 공사를 한다는 이유로 공사 중지명령을 받아 공사를 중단하고 있다가 ○○○○. ○○. ○○. 건축허가를 받아 다시 공사를 재개하려 하였으나 공사자금이 없어 다시 위 고소인에게 위 식당건물을 완공하여 임대료 등을 받아 고소인의 채권을 우선 변제하기로 하는 합의각서를 작성하여 인증 후 다시 금 ○○,○○○,○○○원을 차용하기로 하고 3회에 걸쳐 ○○,○○○,○○○원을 빌렸으나 고소인이 남은 금 ○○,○○○,○○○원을 차용해 주지 아니하여 공사를 완공시키지 못해 위 금을 변제하지 못하고 있을 뿐이며, 금 ○○,

○○○,○○○원에 대하여는 위 지인이 조경공사비로 고소인으로부터 차용한 것이나 위 ○○○이 조경공사를 완료하면 위 ○○,○○○,○○○원을 위 ○○○에게 지급하여 주어야 할 채무가 있을 뿐 고소인에게 차용한 것이 아니고, 피의자의 재산은 고소인에게 담보제공 한 위 토지 및 그 외 토지들의 시가가 평당 ○○○,○○○원을 상회하고 있어 모두 ○○○,○○○,○○○원 상당의 재산이 되는 데 비하여 채무액은 고소인에 대한 채무를 포함하여 ○○,○○○,○○○원 정도이므로 위 금원을 충분히 변제할 수 있을 뿐 아니라 처음부터 차용금을 변제할 의사나 능력 없이 고소인을 기망하고 금원을 교부받은 것이 아니라고 편취범위를 극구 변소하고 있는바, 참고인 이○서, 같은 김○해, 같은 맹○호의 각 진술 및 참고인 한○진, 같은 박○현 작성의 의견서, 합의각서 증서사본, 근저당설정계약서사본의 각 기재내용 및 식당건물신축사진의 영상내용도 피의자의 변소를 뒷받침하고 있고, 고소인의 진술만으로는 위 피의사실을 인정하기 부족하고 달리 위 피의사실을 인정할만한 증거가 없어 불 송치결정을 한다는데 있습니다.

2. 이의신청의 요지

가. 고소인의 불복

(1) 쟁점의 정리

○ 고소인은, 피의자가 차용금에 대한 담보물의 시가를 속이고 약정변제기에 차용금의 변제의사나 능력이 없음에도 있는 것처럼 기망하였다는 취지로 고소하였습니다.

○ 사법경찰관의 불 송치이유에 의하면 피의자는 고소인 주장의 금원을 금전차용의 형식으로 교부받았고 현재 위 차용금을 변제하지 못하고 있는 점은 이를 인정하고 있으나, 이것은 민사상의 채무불이행에 불과하다는 취지로 변소 함으로써 편취의 범의를 극구 부인하고 있다는데 있습니다.

○ 그런데 사기죄는 타인을 기망하여 그로 인한 하자있는 의사표시에 기하여 재물의 교부를 받거나 재산상의 이익을 취함으로써 바로 성립되는 범죄이고 그 기망은 널리 재산상의 거래관계에 있어서 서로 지켜야 할 신의와 성실의 의무를 저버리는 모든 적극적 및 소극적 행위를 말하는 것으로 담보부동산의 시가를 속인 것도 재산상의 거래관계에 있어서 서로 지켜야 할 신의와 성실의 의무를 저버리는 적극적 행위에 해당한다 할 것이므로 그 자체로 사기죄의 기망에 해당됩니다.

○ 한편 민사상의 금전대차관계에 있어서도 그 채무불이행 사실을 가지고 바로 편취의 범의를 인정할 수는 없으나, 피의자가 확실한 변제의 의사가 없거나 또는 차용 시 약속한 변제기일 내에 변제할 능력이 없음에도 불구하고 변제할 것처럼 가장하여 금원을 차용한 경우에는 편취의 범의를 인정할 수 있는 것입니다.

○ 우선 피의자가 담보부동산의 시가를 속였는지에 대하여 보면 그와는 별도로 위와 같은 차용 당시에 원리금을 변제 기일에 변제할 확실한 의사 또는 능력을 가지고 있었는지의 여부가 문제되는 것입니다.

이에 대한 쟁점을 정리하면 ①피의자가 ○○○○. ○○. ○○.차용금 명목으로 금 ○○,○○○,○○○원을 교부받을 당시 담보로 제공한 부동산의 시가를 현저하게 속였는지의 여부와 ②당초 약속한 변제기일 내에 차용금을 변제할 의사와 능력이 있었는지의 여부 및 ③○○○○. ○○. ○○.고소인과 피의자 사이의 대여약정에 의하여 금 ○○,○○○, ○○○원을 차용함에 있어 피의자의 편취의 범의를 인정할 수 있는지의 점으로 정리할 수 있는데 사법경찰관이 한 불 송치이유를 토대로 위 쟁점별로 사법경찰관의 수사 및 판단의 당부를 보겠습니다.

(2) 담보물의 시가에 대한 기망

○ 고소인이 ○○○○. ○○. ○○.차용금 명목으로 금 ○○,○○○,○

○○원을 피의자에게 교부할 때 담보로 제공하기로 당초에 약정한 부동산은 전라북도 ○○군 ○○읍 ○○로 ○○, 소재 임야 ○○,○○○㎡, 같은 로 대지 ○,○○○㎡의 토지 3필지와 그 지상 건물입니다. 위 사실은 고소인이 위 차용금을 피의자에게 교부할 당시 입회하였던 위 지상건물의 조경공사업자 고소 외 ○○○의 진술에 의하여 인정되고, 피의자도 사법경찰관 면전에서 3회에 걸친 피의자 신문에서도 이를 다투지 않았습니다.

○ 그런데 실제로 고소인이 지정한 고소 외 강○자를 근저당권자로 하여 근저당권이 설정된 부동산은 ○○로 임야 ○○,○○○㎡, 같은 로 대지 ○,○○○㎡의 토지 2필지뿐입니다. 이와 같이 당초 담보로 제공하기로 약정하였던 부동산의 일부가 근저당권설정에서 제외된 경위는 위 ○○○의 진술에 의하면, 위 ○○○가 고소인을 대리하여 피의자와의 사이에서 담보권설정에 관한 업무를 처리함에 있어, 피의자가 위 ○○○에게 위 토지상의 부록 조 무허가 가건물들은 곧 철거하고 그 지상에 전원주택을 건축할 예정이라고 하고, 등기업무를 수임한 법무사도 지상의 각 건물에 대하여 지상권을 설정하려면 비용이 많이 든다고 하여 나중에 가건물을 철거한 뒤에 지상권을 설정해 주기로 하고 그 시점에는 따로 담보권 설정을 하지 아니하기로 합의하였기 때문이고, 근저당권설정이 되지 아니한 이유에 관하여는 전혀 수사가 되어있지 않습니다.(고소인과 피의자는 모두 위 건물 자체에 대한 담보가치를 파악하는 방법으로 지상권 설정을 언급하고 있는바, 지상건물에 관한 담보가치 확보를 위하여 지상권 설정이 적절한 방법이 아님은 명백하나, 고소인 등의 법률에 대한 오해로 지상권을 거론한 것으로 보일 뿐입니다).

○ 한편 고소인 및 위와 같은 차용 당시 입회한 위 ○○○의 진술에 의하면, 피의자가 ○○○○. ○○. ○○. 금 ○○,○○○,○○○원을 차용함에 있어 위와 같이 담보로 제공하는 부동산 약 ○,○○○평의 시가가 평당 약 ○○○,○○○원으로 합계 금 ○○○,○○○,○○○원 상당이라고 하였으므로, 고소인이 이를 믿고 담보가 충분

한 것으로 판단하여 위와 같이 대여하였던 것입니다.

○ 피의자도 이 점에 관하여 적극적으로 다투지 아니 할 뿐 아니라 사법경찰관의 면전에서 조사받은 제1회 피의자 신문에서도 위 토지의 시가에 관하여 ○○로 임야와 같은 로 대지는 평당 ○○○,○○○원이라고 진술하고 있습니다. 따라서 피의자가 위의 차용 당시 고소인에게 담보용 부동산의 시가가 약 금 ○○○,○○○,○○○원이라고 지금까지 주장하고 있습니다.

○ 그렇다면 사법경찰관 경위 ○○○은 실제로 근저당권이 설정된 부동산인 ○○로 임야와 같은 ○○로 대지의 토지 2필지의 위의 차용 당시의 시가를 확정하는 한편, 위 근저당권의 실행으로 인하여 고소인이 실제로 회수할 수 있는 금액이 얼마인지를 밝혀야 하고 피의자의 기망 여부를 판단하였어야 할 것임에도 이 부분에 대한 조사는 전혀 이루어지지 않았습니다.

○ 그러나 사법경찰관은 위 부동산의 시가에 관하여 피의자가 제출한 ○○로 농지위원들의 시가에 관한 의견서를 토대로 피의자의 변소를 액면 그대로 받아들이고 위 부동산에 관한 객관적인 감정평가서를 배척함으로써, 수사미진 내지 자의적인 증거판단을 하고 불송치 결정을 하고 말았습니다.

○ 즉, 위 부동산의 시가에 관하여 ○○로 농지위원들 및 같은 ○○로 토지 소유자 이○○는 위 토지의 시가가 평당 금 ○○,○○○원 내지 ○○○,○○○원이라고 함으로써 피의자의 진술에 상당부분 부합하나, 이는 위의 토지 인근에 거주하는 주민들의 주관적인 의견에 불과하여 위 부동산에 관한 객관적인 가격이라고 보기 어렵다 할 것이 고(토지의 객관적 시가의 기준이 될 수 있는 공시지가에 관하여도 불 송치이유에 의하면 사법경찰관은 수사한 흔적이 보이지 않습니다),

○ 그렇다면 피의자가 위 금원을 차용함에 있어 제공한 담보의 시가가 차용원금에도 미치지 못하는 금 ○○,○○○,○○○원에 불과함

에도 금 ○○○,○○○,○○○원 상당이라고 한 것은 고소인에 대한 기망행위에 해당한다고 볼 수 있습니다.

○ 따라서 사법경찰관은 위 각 토지에 대한 공시지가와 당시의 부동산 거래상황 등에 대한 수사를 통하여 이 점을 명확히 밝혔어야 함에도 불구하고 전혀 수사를 해보지도 않고 불 송치 결정을 하고 말았습니다.

(3) 차용금에 대한 변제의사 및 능력 유무

(가) 편취의 범의 판단기준

○ 사기죄의 주관적 구성요건인 편취의 범의는 피의자가 자백하지 아니한 이상 범행 전후의 피의자의 ①재력, ②환경, ③범행의 내용, ④거래의 이행과정 등과 같은 객관적 사정 등을 종합하여 판단할 수밖에 없는데, 피의자는 편취의 범의를 부인하고 있으므로 위 차용금의 대여경위, 대여 전후의 피의자의 재력, 거래의 이행과정 등을 차례로 설명을 드리겠습니다.

(나) 대여경위

○ 피의자는 ○○○○.경부터 이 사건 토지일대에서 ○○골재라는 상호로 골재채취 업을 해오다가 ○○○○.년 정부의 조치에 의하여 위 골재채취 업을 폐업한 후 농사를 짓다가 위 토지 상의 숙소 등을 보수, 개조하여 전원 식당을 운영할 계획을 세우고, ○○○○. ○○. 초경 전주시 ○○구 ○○로길 ○○.에서 '○○조경공사'라는 상호로 조경 업에 종사하고 있던 고소 외 ○○○에게 찾아와서 위 ○○로 ○○, 일대 지상에 전원 식당과 모텔 및 전원주택을 건축할 계획으로 우선 조경공사부터 할 생각인데 돈이 없으니 피의자의 아들 고소 외 김○일 명의로 된 위의 토지 ○,○○○평을 담보로 잡고 조경공사비용 ○○,○○○,○○○원을 차용하게 해달라고 하였고, 위 김

○해는 피의자의 부탁에 따라 누이동생의 친구로 평소 알고 지내던 고소인을 소개하여 위와 같이 금 ○○,○○○,○○○원을 차용한 것입니다.

(다) 대여 전후의 피의자의 재산상태

○ 피의자는 위와 같이 차용 당시 아들 고소 외 김○일 명의로 된 ○○로 임야 ○○,○○○㎡, 같은 로 대지 ○,○○○㎡를 소유하고 있는 한편, 같은 로 ○○○, 잡종지 ○,○○○㎡(당초 위 김○일 소유명의인데 위의 차용 이후 ○○○○. ○○. ○○.자로 피의자 앞으로 소유권이전등기가 되었다가 같은 해 ○○. ○○. 고소 외 김○회 앞으로 다시 소유권이전등기가 되었고, ○○○○. ○○. ○○.자로 근저당권자를 맹○호로 하는 채권최고액 금 ○○,○○○,○○○원의 근저당권설정등기가 경료 되었습니다), 자신 또는 아들 김○일 명의로 소유하고 있었고, 그 외 별다른 재산은 없습니다.

(라) 거래의 이행과정

○ 피의자는 ○○○○. ○○. ○○. 금 ○○,○○○,○○○원을 이자 월 2푼 변제기는 ○○○○. ○○. ○○.로 정하여 차용한 다음, 위의 차용 이후 같은 해 ○○. ○○.경 이자 금 ○,○○○,○○○원을 지급한 이 외 이 사건 고소 당시까지 원금 및 이자를 한 푼도 변제하지 아니하고 있고, 위의 차용 당시 고소인을 대리한 ○○○와의 사이에서 건물에 관하여 별도의 근저당권을 설정하는 대신에 토지의 담보가치를 높이기 위하여 지상 가건물을 철거하기로 약속하였다는 것임에도 이를 철거하기는커녕 위 차용일로부터 3-4일 이후 지상 가건물 중 비어 있던 ○○세대를 세대 당 ○○○,○○○원의 사글세를 받고 임대해 버렸습니다.

○ 또한 피의자는 ○○○○. ○○. ○○. 고소인의 사이에서 위

차용금 ○○,○○○,○○○원에 대한 추가 담보로 앞에서 본 위 토지상의 각 건물에 관하여 근저당권을 설정하기로 약정하였음에도 미등기건물에 대하여는 물론 등기된 건물 1동에 관하여도 근저당권 설정을 하지 아니하였습니다.

(마) 위와 같이 피의자는 약정 변제기에 원리금을 상환하지 아니하고 이자도 제대로 지급하지 아니하였을 뿐 아니라 위 채권의 담보확보를 위한 약정상의 의무도 전혀 이행하지 아니하였으며, 근저당권이 설정된 부동산의 가액도 앞에서 본 바와 같이 위 차용원리금의 회수에는 현저히 부족하고, 피의자의 나머지 재산에 관하여도 위 차용 이후 모두 타인 명의로 이전등기하거나 가등기 또는 근저당권을 설정함으로써 고소인으로 하여금 채권회수를 위한 강제집행이 불가능하게 한 사실이 인정되고 있습니다. 그렇다면 피의자가 위 차용금에 대한 편취의 범의를 부인하고 있음에도 불구하고 위와 같은 객관적 사정 등을 종합하면 피의자의 범의를 충분히 인정할 수 있습니다.

(바) 결국 피의자는 위 추가차용 시에도 담보물의 가치를 기망하였을 뿐 아니라 담보제공이 불가능한 부동산을 담보로 제공하기로 하고, 이를 믿은 고소인으로부터 차용금 명목으로 금원을 교부받았다 할 것이므로, 사기죄가 성립되고도 남습니다.

3. 결론

결국 이 사건은 사법경찰관 ○○○이 수사한 불 송치이유에 현출된 증거의 내용만으로도 혐의사실을 인정하기에 충분한 것이 아닌가 하는 판단도 가능하다고 보여 지며, 나아가 앞에서 고소인이 밝힌 여러 가지 점에 대하여 피의자 등을 철저히 수사하고 이해관계인 및 관계자료 등을 사법경찰관이 조사하였더라면 사건이 더욱 명료해졌을 것임에도 불구하고, 사법경찰관은 당연히 의심을 갖고 조사했어야 할 중요한 사항에 대하여 조사를 전혀 하지 아니한 채 피의자의 변소만을 액면 그대로 믿은 나머지 객관적인 증거를 배척하고 자의적인 증거판단을 함으로써 현저히 정의와 형평에 반하는 수사한 결과 불 송치 결정을 하고 말았습니다.

그러므로 다시 사법경찰관에게 재수사를 통하여 피의자의 기소 여부를 결정하는 것이 바람직하다고 사료되어 이의신청에 이른 것입니다.

4. 이의신청 결과통지서 수령방법

종류	서면 / 전화 / 팩스 / 전자우편 / 문자메시지

5. 소명자료 및 첨부서류

(1) 수사결과 통지서(고소인 등 불 송치)   1통

○○○○ 년 ○○ 월 ○○ 일

위 신청인 : ○   ○   ○   (인)

전라북도 군산경찰서장 귀중

불 송치 결정 이의신청서

사 건 번 호 : ○○○○년 형제○○○○호 1.무고 2.위증죄

신 청 인 : ○   ○   ○

강원도 춘천경찰서장 귀중

불 송치 결정 이의신청서

1. 신청인

성 명	○ ○ ○	주민등록번호	생략
주 소	춘천시 ○○○로 ○○길 ○○, ○○○호		
직 업	상업	사무실 주 소	생략
전 화	(휴대폰) 010 - 3456 - 0000		
기타사항	이 사건 고소인 겸 이의신청 신청인입니다.		

2. 경찰 결정 내용

사건번호	○○○○년 형제○○○○호
죄 명	1.무고 2.위증죄
결정내용	혐의 없음(증거불충분) 불 송치 결정

3. 이의신청 이유

이의신청인(이하'고소인'이라고 줄여 쓰겠습니다)은 피고소인 ○○○(이하'피의자'라고 하겠습니다)을 ○○○○. ○○. ○○. 강원도 춘천경찰서 ○○○○년 형제○○○○호 1.무고 2.위증죄로 고소한 사건에 관하여 춘천경찰서 사법경찰관 경위 ○○○은 ○○○○. ○○. ○○. 피의자에게 혐의 없음(증거불충분)의 이유로 불 송치 결정을 하였는바, 이는 부당하므로 아래와 같이 이의신청을 제기합니다.

- 아   래 -

1. 사건의 개요

　가. 고소인과 피의자는 고소 외 ○○○가 투자한 ○○시스템 주식회사에 각 고소인은 이사로 피의자는 대표이사로 근무하다가, 고소인은 ○○○○. ○ ○. ○○. 피의자와의 불화로 회사를 퇴직하였으며 같은 해 ○○. ○○. 피의자로부터 금 ○○,○○○,○○○원을 받았습니다.

　나. 고소인이 피의자로부터 지급받은 위 금액은 재직 당시의 공상에 대한 보상 및 퇴직위로금으로 지급받았습니다. 피의자는 고소인이 회사와 자신에 대한 비리를 폭로하겠다고 협박하여 지급하게 된 것이라고 주장하는 바람에 서로 시비가 되어 피의자는 ○○○○. ○○. ○○. 고소인을 춘천경찰서에 공갈죄로 고소하였고 그로 인하여 고소인은 구속·기속되어 춘천지방법원(○○○○고단○○○○호)에서 징역형을 선고받았으나 고소인이 항소하여 항소심에는 무죄가 선고되어 ○○○○. ○○. ○○.최종 대법원에서 확정되었습니다.

　다. 그 후 고소인은 ○○○○. ○○. ○○. 피의자를 춘천경찰서에 피의1.무고죄 2.위증죄로 다음과 같이 각 고소하였습니다.

- 다   음 -

2. 고소사실의 요지

　○ 피의자는 ①○○○○. ○○. ○○.춘천경찰서에 고소인이 무역업무와 관련하여 외환도피, 세금포탈, 관세포탈 등의 비리로 피의자를 고발하겠다고 협박하여 금 ○,○○○만원을 갈취했다는 허위내용의 고소장을 제출하여 고소인을 무고하고, ②고소인이 공갈죄로 구속되어 재판을 받게 되자 ○○○○. ○○. ○○. 춘천지방법원 제○○○호 법정에서 ○○○○고단○○○○호 사건의 증인으로 출석하여 선서한 후 증언을 함에 있어서 "증인

이 피고인(고소인)에게 준 돈 〇,〇〇〇만원은 피고인(고소인)에 대한 회사의 보상금으로 준 것이 아니다", "그 돈은 피고인(고소인)이 회사 일로 증인을 협박하여 준 것이다", "피고인(고소인)이 위 회사를 퇴직할 때인 〇〇〇〇. 〇〇. 〇〇. 피고인(고소인)이 증인의 사무실에서 증인을 협박한 사실이 있다" 는 취지의 증언을 하고, 〇〇〇〇. 〇〇. 〇〇. 같은 법원 제〇〇〇호 법정에서 같은 법원 항소심 〇〇〇〇노〇〇〇〇호 사건의 증인으로 출석하여 선서한 후 증언을 함에 있어서 "증인이 이 사건에서 피고인(고소인)에게 준 돈은 피고인(고소인)에게 갈취를 당한 것이다", "증인이 피고인(고소인)에게 그와 같이 준 돈은 회사 돈이 아니라 저의 개인통장에서 지급하여 준 돈이다","〇〇〇〇. 〇〇. 〇〇. 〇〇〇가 증인에게 피고인(고소인)에 대한 보상 및 퇴직금을 주라고 지시한 사실이 없다" 는 취지의 증언을 함으로써 각 허위의 공술을 한 것입니다. ③고소인이 피의자를 1.무고죄 2.위증죄로 각 고소하자 이 사건을 수사한 춘천경찰서 사법경찰관 경위 〇〇〇은 피의자에 대하여 혐의 없음(증거불충분)의 이유로 불 송치 결정을 하였습니다.

(가) 혐의 없음(증거불충분) 불 송치 결정의 요지

(1) 피의자는 허위사실을 고소하거나, 기억에 반하여 위증을 한 것이 아니고 사실대로 고소를 하였고, 증언을 한 것이라면서, 그와 같이 고소장을 제출한 경위는 〇〇시스템 주식회사(이하 "〇〇"라 한다)에서 이사로 근무하던 고소인이 〇〇〇〇. 〇〇. 〇〇.에 퇴직을 하면서 "내가 하는 일에 앞으로 방해를 하면 가만히 두지 않겠다" 라면서 회사직원을 일부 데리고 나가서 위 회사와 동종 업종인 〇〇개발을 설립하여 운영하던 중, 운영이 제대로 되지 않자 같은 해 〇〇. 피의자의 친구인 고소 외 김〇유와 〇〇회사 직원인 고소 외 조〇의를 통하여 〇〇의 관세·법인세 포탈, 외환도피 등의 비리를 고발하겠다고 협박을 하면서 1억 원만 주면 해결되겠다는 말을 하여오므로 피의자가 처음에는 거절을 하였으나 피의자도 〇〇〇〇년도부터 〇〇〇〇년도까지 사이에 원자재를 수입하면서 그 안에 〇〇대를 숨겨 와서 이를

사용한 사실이 있고 원래 외국인 투자법인은 전량수출을 조건으로 처음 5년간은 법인세 등이 전액 면제되나 위 ○○시스템은 ○○○○년도 ○○전자공업주식회사로 외국인투자법인으로 등록을 하여 ○○○○년도에 이미 위 8년이 경과되어 세금을 납부하여야 하나 다시 외국인 투자법인으로 허가를 받으면 세금혜택을 받을 수 있어 ○○○○년도에 상호의 변경과 이사들의 일부 교체, 업종을 일부 추가하여 다시 외국인 투자법인으로 허가를 받아서 세금을 면제받은 사실 및 ○○시스템 본사에서 ○○의 운영자금을 미화로 송금하면서 국내에서 ○○○와 상의하여 그 중 일부를 외국으로 다시 송금하여 위 ○○○와 공동으로 착복한 사실이 있고 당시 피의자도 미국시민 권자이므로 그 사실을 미국 당국에 고발할 것처럼 하는 등 비리가 있어서 이에 겁을 먹고 미국인 동업자인 위 ○○○와 수차에 걸쳐서 상의를 하였으나 ○○○○. ○○. ○○.에 이미 동인과 분쟁이 생겨서 위 ○○○가 거절하는 바람에 할 수 없이 피의자의 개인통장에서 돈을 인출하여 위 김○유, 조○의를 통하여 고소인에게 지불한 것인데, ○○○○. ○○. ○○. 피의자와 위 ○○○ 간에 재산분쟁이 생겨 다툼이 있자, 위 ○○○가 고소인을 위 회사 부사장으로 영입하여 피의자의 비리를 수집하여 당국에 고발하려는 일에 주력케 한 사실을 알고 위와 같이 고소를 하였고, 법정에서 사실대로 증언을 한 것뿐이라고 변명을 하고 있다.

(2) 이에 반하여 고소인은 ○○○○. ○○. ○○. 부상을 당하여 위 ○○에서 퇴직하게 되었는데 위 ○○○가 회사재직당시 공로를 인정하여 위로보상금조로 위 금원을 동인에게 지급하도록 피의자에게 지시하여 그 지시에 따라 피의자가 위 회사의 운영자금에서 위 금원을 지급하였고, 비록 피의자의 개인통장에서 위 금원이 인출되었다고 하더라도 외국은행 한국지점으로 송금되어 온 미화를 한화로 인출하여 ○○○○. ○○. ○○. 중소기업은행 ○○동지점에 개설한 피의자의 명의인 ○○-○○○-○○-○○의 계좌에

입금을 하여 회사운영자금으로 사용하였고, 고소인에게 교부한 돈도 동 계좌에서 인출되었으므로 결국 회사운영자금에서 지급한 것이라고 주장하고 있다.

(3) 고소인이 퇴직 후 위 회사와 동종업체를 운영하다가 경영난으로 문을 닫아 위 금원 교부당시 경제적으로 어려웠으며 위 ①퇴직 당시에 위 ○○의 다른 직원 수명도 사표를 내고 고소인 경영의 회사에 근무를 하였던 사실, ②피의자가 외국에 비밀구좌를 개설할 때 고소인도 동행하여 서명한 사실, ③고소인이 퇴직할 때 퇴직금조로 금 ○○○만원을 교부받은 사실, ④고소인이 이후 본건 금 ○,○○○만원을 받고 또 다시 위 ○○○로부터 금 ○,○○○만원을 교부받은 후 동인에게 '회사에 해가 되는 언행은 일절 하지 않을 것을 이에 각서 합니다.' 라는 내용의 각서를 제출한 사실, ⑤피의자가 위 회사를 경영함에 있어 여러 가지 비리가 있었던 것을 고소인이 알고 있었던 사실 등은 고소인도 이를 인정하고 있다.

(4) 계약서의 각 사본 기재내역과 사실조회 내용을 검토하면, 고소인은 위 공갈사건으로 검찰에서 조사받을 당시에 다른 점은 부인하면서도 퇴직할 때에 위 ○○와 ○○의 지출내역서, 도래어음 발행내역 서를 복사해 가지고 나간 사실을 인정하였고 고소인이 위 회사 부사장으로 재취업한 후 위와 같은 피의자의 비리를 들어 피의자에 대한 고발장을 작성한 사실, 위 ○○의 운영자금을 ○○○가 송금한 경로는 ○○○가 운영자금을 외화송금하면 한화로 인출하여 통장에 입금하고 운영비를 사용하는 바, 이런 자금은 ○○○○. ○○. ○○.부터 ○○○○. ○○. ○○.까지는 중소기업은행 ○○동지점 ○○-○○○-○○-○○ 구좌번호로 된 ○○전자대표이사 ○○○명의의 통장에 계속 입금된 사실을 인정할 수 있고, 반면 ○○○○. ○○. ○○. 신규개설한 중소기업은행 ○○동지점 ○○-○○○-○○-○○ 구좌번호로 된 김○홍(피의자) 명의의 통장에는 일부 금원만이 입금

된 것으로 추정되며 동 입금금원도 각 몇 일 후 즉시 전액이 인출되어 나간 것을 볼 때 이는 주된 운영자금입금통장이라 볼 수 없고, 예금통장구좌내역사본 및 사실조회회답서 기재내용을 검토하면, ○○○○. ○○. ○○. ○○전자 대표이사 ○○○명의의 예금구좌인 ○○-○○○-○○-○○의 구좌로 회사운영자금이 입금된 이래 ○○○○. ○○. ○○.까지 계속 자금이 입금되었고 위법인 명의의 통장에서 인출된 금원 중 김○홍(피의자) 개인 명의의 구좌인 ○○-○○○-○○-○○ 계좌로 입금된 것은 ○○○○. ○○. ○○. ○○만원뿐이고 외화송금내역 서를 검토하면 피의자가 고소인에게 금 ○,○○○만원을 교부하기 이전인 ○○○○. ○○. ○○. 이미 피의자와 ○○○ 사이에 분쟁이 생겨 ○○○○. ○○. ○○.부터는 외국은행 한국지점의 수신인을 ○○○에서 ○○으로 변경하고 피의자는 ○○시스템에서 손을 떼었으며 고소인에 대한 보상금지급을 지시하였다는 도크가 보상금명목으로 돈을 송금한 흔적을 찾아보기 어려울 뿐 아니라 ○○○가 ○○○○. ○○. ○○.부터 같은 해 ○○.까지는 위 ○○시스템의 운영자금을 매달 ○○만 불씩 송금하였으나 고소인에게 퇴직위로금으로 지불하라고 지시하였다는 같은 해 ○○월에는 ○○만 불, ○○월에는 ○만 불만 송금하고 ○○월부터는 피의자와 ○○○와의 분쟁으로 ○○시스템 법인구좌로 운영자금을 입금한 점, ○○○가 ○,○○○만원 외에 고소인에 대한 추가보상금으로 ○만 불을 송금하였다고 고소인이 주장하는 송금증사본 기재내용을 보면, 동 ○만 불은 ○○○○. ○○. ○○. ○○시스템 대표이사 ○○○에게 송금한 것으로서 피의자의 개인구좌로 송금된 것이 아닌 점으로 보아 고소인의 주장을 선뜻 믿기 어렵고 ○○○의 지시에 의하여 고소인이 퇴직금 명목으로 금원을 교부받았다면 굳이 위 김○유나 조○의를 통하여 교부받을 이유가 없음에도 동인들을 통하여 금원을 교부받고 동 금원 중 ○,○○○만원을 조○의에게 차용하여 준 것으로 미루어 조○의가 어떤 형태로든지 위 금원을 교부받음에 있어 중재행위를 한 사실을 짐작할 수 있고, 피의자가 위 공갈사건을 고소 취소한 경위는 고소인도 당시 피의자의 위와 같은 비리를 들어 피의자를 고발하려는 입장이었기 때문에 위 두 건을 서로 상계하여 문제 삼지 않기로 양측이 합의를 하였기 때문이라고 진술하고 있는 점, 피의자가 위 공갈사건의 진술도중 자신의 위 회사를 경영함에 있어 비리를 저지른 적이 없다고 진술한 적도 있으나 이는 피의자의 비리가 있다고 진술하면 자신에게 그로 인한 새로운 불이익이 돌아올 것이라고 생각할 소지가 충분히 있다고 보이는 점 등이 피의자의 위 변소에 부합하고 있으며, 이에 반하는 고소인과 ○○○, 조○의의 각 진술 및 피의자의 위 공갈사건의 조사 중에 자신은 비리를 저지른 적이 없었다고 진술한 적이 있었던 점, 피의자가 위 공갈을 당한 후 즉시 고소를 제기하지 아니하고 상당한 기간이 지난 후 이를 제기하였다가 피해회복 없이 고소를 취소한 점, 고소인이 직접 피의자를 협박하지 아니하고 제3자를 통하여 피의자를 협박한 점, 위 김○유가 공갈사건에 대하여 법정에서 일부 불명확한 증언을 한 적이 있는 점, 위 각서에 고소인이 위 금원을 공상 및 퇴직위로금조로 지급받는다는 취지의 문구가 있는 점만으로는 피의자의 변소를 배척하기 부족하고 달리 범행을 인정함에 족한 증거가 없어 혐의 없음(증거불충분)의 이유로 불 송치 결정을 하였습니다.

3. 이의신청 요지

가. 사법경찰관의 불 송치이유는 고소인에 대한 위 공갈 피고사건에서 대법원이 확정한 사실관계 즉 고소인이 피의자를 공갈·협박한 사실이 없고 고소인이 지급받은 위 금원이 퇴직 및 위로보상금조로 받은 것이라는 점에 저촉되어 확정판결의 기판력에 반한 처분이므로 1.무고 죄 2.위증죄의 법리를 오해한 위법이 있습니다.

나. 금 ○,○○○만원을 고소인이 갈취한 것인지의 여부를 판단함에 있어 서는

위 금원의 출처가 위 회사의 운영자 금인지 아니면 피의자의 개인자금인지의 여부가 매우 중요한 부분입니다.

위 금원이 인출된 중소기업은행 ○○동지점 ○○-○○○-○○-○○ 구좌는 여러 정황으로 볼 때 피의자의 개인자금구좌가 아니라 위 회사의 운영자금구좌임이 분명하게 밝혀지고 있고, 회사의 운영자금을 외국에서 송금한 ○○○의 진술 및 법정 증언에 의하면, 동인이 위 금원을 고소인의 퇴직 및 위로보상금으로 송금하였으며 이를 고소인에게 지불하라고 피의자에게 지시하였다는 것임에도 불구하고 사법경찰관 경위 ○○○은 합리적 근거 없이 이러한 유력한 증거를 모두 배척하는 등 자의로 증거를 취사선택함으로써 혐의 없음(증거불충분)의 이유로 불 송치이유로 삼았습니다.

다. 고소사실 중 ○○○○. ○○. ○○. 위증의 점은 외견상 단순위증죄의 공소시효기간인 5년이 ○○○○. ○○. ○○.에 경과하여 권리보호의 이익이 없는 것으로 보이지만 그러나 고소인이 고소한 것은 비록 죄명은 단순위증죄이나 그 내용이 모해위증이라는 취지임이 분명하므로 사법경찰관은 ○○○○. ○○. ○○.이나 ○○○○. ○○. ○○.의 각 위증의 내용을 단순위증죄로 의율 할 것이 아니라 모해위증죄로 의율 하였어야 마땅합니다. 그렇다면 ○○○○. ○○. ○○. 위증의 점은 공소시효기간인 7년이 아직 경과되지 아니하였다고 보아야 할 것이므로 권리보호의 이익이 있다 할 것입니다. 따라서 함께 본안에 관하여 다음과 같이 말씀 드리겠습니다.

라. 고소인의 이 사건 1.무고와 2.모해위증의 인정여부는 결국 문제의 금 ○,○○○만원의 수수가 고소인의 퇴직금 및 퇴직위로금으로 수수된 것인지 아니면 고소인이 피의자의 비리를 폭로하겠다는 협박으로 인하여 수수된 것인지의 여부입니다. 고소인에 대한 위 공갈죄에 대한 형사재판에서 춘천지방법원·대법원(춘천지방법원 ○○○○노○○○○호, 대법원 ○○○○도 ○○○○호 사건)이 위 쟁점부분에 대하여 고소인의 협박사실을 인정할 수 없다고 판단하면서 피의자와 당시 증인 김○유의 검찰 및 법정에서의

각 진술의 증명력을 배척하고 있으며 문제의 금 ○,○○○만원이 피의자의 개인구좌에서 인출한 피의자의 개인자금에서가 아니라 위 ○○○가 송금한 위 ○○시스템의 운영자금에서 지출된 것이라는 사실을 확정하였음을 알 수 있습니다.

이 사건은 법원 등의 형사재판에서 위와 같은 법원의 사실인정이 있은 이후에 역으로 고소인이 피의자를 무고 등으로 고소한 사건일 뿐 기본적 사실관계는 동일한 사안이므로, 비록 기판력 문제를 거론할 필요가 있는 사안이 아니라 하더라도 적어도 위 대법원의 사실 확정은 이 사건의 경우에는 강력한 추정력이 있다고 보아야 할 것입니다.

따라서 사법경찰관 경위 ○○○으로서는 위 법원 등이 인정한 사실을 번복함에 족한 명백한 반증이 없는 한 자의로 그에 반하는 사실인정을 할 수는 없습니다.

그러면 사법경찰관 경위 ○○○이 이 사건 혐의 없음(증거불충분)의 이유로 불 송치 결정을 함에 있어서 들고 있는 증거들이 과연 위 법원 등의 인정사실을 번복함에 족한 반증들이 아닙니다.

마. 사법경찰관이 들고 있는 증거 중, 고소인이 퇴직 후 위 ○○시스템과 동종업체를 운영하다가 경영난으로 당시 경제적으로 어려웠던 점, 위 ○○시스템의 다른 직원들이 고소인의 회사에 근무하였던 점, 피의자가 외국에 비밀구좌를 개설할 때 동행하고 같이 서명한 사실, 퇴직 시에 고소인이 퇴직금 ○○○만원을 교부받은 사실, 고소인이 문제의 금 ○,○○○만원을 받고 또 다시 위 ○○○로부터 금 ○,○○○만원을 교부받은 후 '회사에 해가 되는 언행은 일절 하지 않을 것을 이에 각서 합니다.' 라는 내용의 각서를 제출한 사실, 피의자가 위 회사를 경영함에 있어 여러 가지 비리가 있었던 것을 고소인이 알고 있었던 사실을 고소인이 이를 인정하고 있다는 점에 관하여, 위와 같은 사실은 고소인이 협박을 할 수도 있다는 가능성에 관한 정황에 불과합니다. 춘천지방검찰청 ○○○○년 형제○○○○호 사건 수가 및 재판관계기록(춘천지방법원 ○○○○고단○○○○호), 판결문, 외국은행의 피의자·고소인 명의의 공

동예금계좌, ○○○의 송금수표, ○○시스템 및 피의자의 예금구좌내역, 계약서의 각 사본 기재내역과 사실조회의 내용에 관하여, 이 역시 위 법원 등이 사실을 인정(춘천지방법원 ○○○○노○○○○호, 대법원 ○○○○도○○○○호 사건)함에 있어서 검토하였던 증거들임에 불과하며(사법경찰관은 위 증거에 의하여 문제의 금 ○,○○○만원이 피의자의 자금서 지급된 것으로 인정하고 있으나 위 법원 등은 같은 증거를 검토하였으면서도 위 금원이 위 ○○시스템의 운영자금에서 지급된 것으로 이미 사실을 인정하였습니다).

바. 피의자가 위 공갈피고사건을 고소 취소한 경위에 관련한 피의자의 정황 설명은 앞에서 본 바와 같이 고소인이 협박하였으리라는 추측에 불과하여 위 법원 등의 사실인정을 번복할 수 없습니다. 위 형사사건의 각급법원에서의 피의자 및 증인 김○유의 각 진술들은 위 인천지방법원의 항소심과 대법원의 상고심에서 그 증명력이 이미 배척된 증거들로서 위 항소심과 상고심에서 인정한 사실을 번복함에 족한 반증이 될 수는 없습니다. 고소인이 피의자에게 협박하였다는 내용은 피의자의 개인적인 비리가 아니고 모두 위 회사의 업무와 관련된 사항이므로 소위 고용사장에 불과한 피의자로서는 위 회사의 실제 소유주인 도크와 상의하여 지급 여부를 결정함이 당연함에도 전혀 상의해 보지도 아니한 채 피의자의 개인자금으로 선뜻 지급하였다는 피의자의 진술은 믿을 수 없습니다. 고소인이 피의자를 협박함에 있어 피의자에게 은밀히 하지 아니하고 후일에 문제되었을 때 고소인에게 불리한 증인이 될 수도 있는 제3자인 위 김○유를 통하여 피의자를 협박하였다는 점은 경험칙 상 이해하기 어렵고 또한 위 김○유는 같은 사건 제1심 법정에서 증언을 함에 있어 검사의 주 신문에 대하여는 검찰에서의 진술과 대체로 일치하는 진술을 하였다가 변호인 반대신문에 대하여는 피의자가 고소인에게 금 ○,○○○만원을 지급하게 된 것을 고소인이 위 회사를 퇴직하게 되자 고소인의 부상에 대한 보상금과 퇴직위로금조로 지급한 것이 아닌가라는 질문에 잘 모르겠다고 대답하고 피의자가 공갈을 당한 후 상당한 기간이 경과한 후에 피고인(고소인)을 고소한 이유에 대하여는 고소인이 위 회사의

부사장으로 다시 근무하였기 때문이라고 대답하는 등 그 술내용이 다소 흐려져 일관성이 없습니다. 그러나 사법경찰관은 오히려 아무런 새로운 반증을 제시하지 못하면서 위 ○만달러의 송금내역서사본 기재내용을 보면 그 ○만달러는 ○○○○. ○○. ○○. ○○시스템의 대표이사 ○○○(피의자의 영문이름)에게 송금된 것으로 피의자의 개인구좌로 송금된 것이 아닌 점으로 보아 추가보상금으로 ○만달러를 송금하였다고 주장하는 고소인의 진술을 선뜻 믿기 어렵다는 점과 고소인이 ○○○의 지시에 의하여 문제의 위 금원을 퇴직금 명목으로 지급받았다면 굳이 위 김○유나 조○의를 통하여 지급받을 이유가 없음에도 동인들을 통하여 금원을 지급받고 그 중 금 ○,○○○만원을 위 조○의에게 빌려준 것으로 미루어 어떤 형태로든지 위 조○의가 중재행위를 한 사실을 짐작할 수 있다는 점 등을 들어 위 피의자와 위 김○유의 각 진술에 대하여 증명력을 인정하고 위 항소심의 판결취지에 부합하는 고소인과 ○○○ 및 위 조○의의 각 진술에 대한 증명력을 부정하고 있을 뿐이므로 이는 필시 사법경찰관 경위 ○○○이 증거에 대한 가치판단을 잘못하고 있거나 확고한 물증이나 증명력이 있는 기타 증거들을 자의로 배척하였거나 상반되는 증거들에 대한 증명력의 유무판단에 필요한 자료수집 등의 수사를 다하지 못하였다는 비난을 면하지 못할 것입니다.

그럼에도 불구하고 사법경찰관 경위 ○○○이 위와 같은 추가 조사 없이 불 송치 결정을 한 것은, 그 결정에 영향을 미친 중대한 수사미진에 따른 자의적인 수사권의 행사라고 아니할 수 없습니다.

4. 결론

그렇다면 사법경찰관 경위 ○○○이 한 이 사건 불 송치 결정은 그 결정에 영향을 미친 수사미진과 증거판단의 잘못으로 이루어진 자의적인 결정이므로 다시 재수사를 하게 하여 최종적으로 기소 여부를 결정하여야 할 것으로 믿고 이의신청을 하게 된 것입니다.

4. 이의신청 결과통지서 수령방법

종류	서면 / 전화 / 팩스 / 전자우편 / 문자메시지

5. 소명자료 및 첨부서류

    (1) 수사결과 통지서(고소인 등 불 송치)   1통

○○○○ 년 ○○ 월 ○○ 일

위 신청인 : ○ ○ ○   (인)

강원도 춘천경찰서장 귀중

불 송치 결정 이의신청서

사 건 번 호 : ○○○○년 형제○○○○호 횡령죄

신   청   인 : ○   ○   ○

전남 목포경찰서장 귀중

불 송치 결정 이의신청서

1.신청인

성 명	○ ○ ○	주민등록번호	생략
주 소	목포시 ○○로 ○○길 ○○, ○○○호		
직 업	개인사업	사무실 주 소	생략
전 화	(휴대폰) 010 - 4456 - 0000		
기타사항	이 사건 고소인 겸 이의신청 신청인입니다.		

2.경찰 결정 내용

사건번호	○○○○년 형제○○○○호
죄 명	횡령죄
결정내용	혐의 없음(증거불충분) 불 송치 결정

3.이의신청 이유

신청인(이하'고소인'이라고 줄여 쓰겠습니다)은 피고소인 ○○○(이하'피의자'라고 하겠습니다)을 ○○○○. ○○. ○○. 전남 목포경찰서 ○○○○년 형제○○○○ 호 횡령죄로 고소한 사건에 관하여 목포경찰서 사법경찰관 경위 ○○○은 ○○ ○○. ○○. ○○. 피의자에게 혐의 없음(증거불충분)의 이유로 불 송치 결정을 하였는바, 이는 부당하므로 아래와 같이 이의신청을 제기합니다.

- 아   래 -

1. 사건의 개요

가. 고소인은 피고소인을 횡령죄로 고소하였는바, 그 고소내용의 요지는 다음과 같습니다.

나. 피고소인은 "○○다세대주택"이라는 상호로 무허가 건축업에 종사하는 자로서, ○○○○. ○○. ○○.경 고소인과의 사이에 고소 외 ○○종합건설 주식회사의 명의를 공동으로 빌려 고소 외 이○○과 지하1층, 지상4층 규모의 상가건물 1동 신축공사 도급계약을 체결한 후 그 전체 공사 중 기초토목공사와 철근콘크리트 골조공사는 고소인이, 그 외 나머지 부대공사 일체는 피고소인이 맡아 시공하고 총 공사대금 ○○○,○○○,○○○원 중에서 고소인과 피고소인 각자가 금 ○○○,○○○,○○○원씩 나누어 가지기로 약정하고, ○○○○. ○○. ○○.부터 ○○○○. ○○. ○○.까지 사이에 위 공사를 완공하였는바, ○○○○. ○○. ○○.경부터 ○○○○. ○○. ○○.경까지 총○○회에 걸쳐서 건축주인 이○○으로부터 위 공사대금에다 추가로 투입된 공사대금을 합한 금 ○○○,○○○,○○○원을 수령하여 업무상 보관함을 기화로 고소인 몫의 미지급 공사대금 ○○○,○○○,○○○원 상당을 고소인에게 지급하지 않고 피고소인의 생활비 등으로 임의 소비하여 이를 횡령한 것입니다.

다. 사법경찰관은 ○○○○. ○○. ○○. 위 고소사실에 대하여 혐의 없음의 이유로 불 송치 결정을 하였습니다.

2. 불 송치 결정의 요지

○ 고소인은 기초토목공사 및 철근콘크리트 골조공사를, 피고소인은 나머지 부대공사 일체를 각 분담하기로 하고, 공사대금은 두 사람이 금○○○,○○○,○○○원씩 가지기로 약정한 사실이 인정되는바, 위 약정이 도급계약이 아님은 명백하고, 동업인지에 대하여 통상 동업이란 민법상 조합계약을 의미하는데, 위 약정의 내용을 보면 ①조합에 귀속되는 합유재산이 없고

②조합채무에 대한 공동책임약정도 없으며 ③손익분배도 각자에게 별도로 귀속되는 점 등에 비추어 동업으로 볼 수 없다. 따라서 위 약정은'각자가 공사를 공정별로 양분하여 자기 책임 하에 분담한 공사를 진행하고 그 손익에 대하여도 각자가 수익 또는 손실을 부담'하는'공동시공공사'라는 비전형계약의 하나일 뿐이다.

○ 그런데, 고소인은 공사 도중 감리자로부터 오폐수 정화조 부실공사에 관해 지적을 받고 재시공하게 되면서부터 사실상 공사에서 배제되고 피고소인이 이건 공사의 공정 전부를 주도적으로 시행하였는바, 이 무렵부터 위 계약의 중요부분에 변경이 생겼다고 판단된다.

○ 즉, 위 정화조 재시공 공사 무렵부터는 사실상 고소인은 위 공사에서 배제되고 피고소인이 단독으로 이건 공사를 경영 및 시공한 것이거나 아니면 고소인이 자기 공사 부분을 피고소인에게 사실상 포괄적으로 위임한 것으로 보여 진다.

○ 따라서 피고소인이 건축주로부터 공사대금을 수령하였더라도, 피고소인은 고소인의 공사금원을 보관하는 자의 지위에 있지 아니하고, 단순히 고소인에게 그의 투자 금 내지 수익금 반환조로 일부 금원을 지급하여야 할 민사상 채무자의 지위에 있을 뿐이다.

○ 가사 고소인이 위 공사에서 배제되지 않았다고 할지라도 피고소인이 고소인 책임의 공사까지 도맡아 건축공사를 마무리한 사정, 공사 와중에 공사대금 선불 명목으로 고소인도 피고소인으로부터 그의 약속어음을 융통한 사실에 비추어 당시 피고소인이 불법영득의 의사로 공사대금을 수령하여 가로채었다거나 임무에 위배하여 고소인에게 손해를 가할 의도로 공사대금을 지급받았다고 볼 수는 없고 다만 고소인과의 공사대금 정산 및 지급을 하지 않은 것에 불과하다고 할 것이다.

○ 그러므로 피고소인에 대한 위 고소사실은 혐의 없음의 이유로 불 송치 결정을 한다는데 있습니다.

3. 이의신청 이유

　가. 이 사건의 쟁점

　　○ 피고소인이 건축주로부터 수령한 공사대금 중에 고소인에게 지급되어
　　야 할 금원이 있었던 사실은 다툼이 없습니다. 그런데, 횡령죄가 성립
　　하기 위해서는 '타인의 재물을 보관하는 자'가 '불법영득의사를 가지고'
　　그 재물을 횡령하거나 반환을 거부한 경우라야 하는바, 사법경찰관은
　　피고소인이 단순히 민사상 채무자의 지위에 있을 뿐이지 고소인의 공
　　사대금을 보관하는 자의 지위에 있지 않고 불법영득의 의사도 인정되
　　지 않는다는 이유로 횡령죄의 고소사실에 대해 혐의 없음의 이유로
　　불 송치 결정을 하였습니다.

　　○ 그러므로 이 사건에서의 쟁점은, 피고소인에 대해 '타인의 재물의 보관
　　자 지위' 및 '불법영득의사' 가 인정될 수 있는지 여부에 있습니다.

　나. 인정되는 사실

　　(1) ○○○○. ○○. ○○. 고소 외 이○○은 자신 소유의 목포시 ○○로
　　○○길 ○○, 지상에 지하1층, 지상4층 규모의 상가건물 1동을 신
　　축하기 위해 건축업자를 알아보던 중, "○○다세대주택"이라는 상호
　　로 전문건설업면허 없이 건축업을 영위하던 피고소인을 소개받게
　　되었습니다.

　　(2) 피고소인은 ○○○○. ○○. ○○. 고소 외 이○○에게 위 신축공사를
　　함께 맡아 할 사람을 구해 달라는 부탁을 하였고, 이에 위 이○○는
　　피고소인에게 토목공사 및 철근콘크리트공사에 관한 전문건설업면허
　　가 있는 "○○건설개발 주식회사"의 실질적 경영자인 고소인을 소개시
　　켜 주었습니다.

　　(3) 위 이○○의 주선으로 고소인과 피고소인은 몇 차례의 조정을 거친
　　끝에 다음과 같은 조건으로 위 신축공사를 함께 하기로 구두로 합의

하였습니다.

① 위 상가 신축에는 종합건설업면허가 필요한바, 고소인과 피고소인 두 사람 모두 종합건설업면허를 가지고 있지 않으므로, 고소 외 ○○종합건설 주식회사로부터 종합건설업면허를 빌려 공사도급계약을 체결하기로 한다.

② 전체 공사 중 토목공사와 철근콘크리트 골조공사 등 기초공사는 고소인이 맡고, 나머지 부대공사 일체는 피고소인이 맡아 시공한다.

③ 공사대금은 고소인이 작성한 시공내역 서를 기초로 해서 금 ○○○,○○○,○○○원(부가세 제외)으로 정하기로 하되, 고소인과 피고소인이 각각 금 ○○○,○○○,○○○원씩 나누어 가지기로 한다.

④ 위 ○○종합건설에 지불해야 할 면허대여료 및 산재보험료 등은 고소인과 피고소인이 각 절반씩 분담한다.

(4) ○○○○. ○○. ○○.경 고소인은 위 ○○종합건설의 사무실에서 위 회사의 회장인 이○○과 위 회사의 이사인 이○범, 같은 김○용 등을 만나 위 공사대금의 약 5% 상당액을 주는 조건으로 위 회사의 면허를 대여하기로 약정하였습니다.

(5) ○○○○. ○○. ○○.경 고소인과 피고소인은 위 ○○종합건설 사무실에서 건축주인 이○○을 만나 위 회사의 명의로 위 상가신축공사 도급계약을 체결하게 되었는바, 그에 따르면 이○○은 계약 즉시 선금 명목으로 금 ○○,○○○,○○○원을, ○○○○. ○○. ○○.경에 중도금 명목으로 금 ○○○,○○○,○○○원을 주고, 나머지 잔금은 준공 후 ○○일 이내에 위 상가건물을 임대하여 그 임대보증금을 받아 지급하기로 되어 있었습니다.

(6) 건축주로부터 공사대금을 수령하는 일은 피고소인이 맡기로 하였는데, 계약금 및 중도금은 고소인이 맡은 기초토목공사 및 골조공사 비용으로 우선적으로 지불하기로 하고 기타 대금관계의 정산은 잔금을 받아

서 하기로 하였으며, 건축주가 공사대금을 줄 경우에는 반드시 ○○ 종합건설에 관계되는 서류와 함께 통지를 하도록 약정하였습니다.

한편, 형식상으로 기초토목공사 및 철근콘크리트 골조공사에 관하여는 고소인의 ○○건설개발이 위 ○○종합건설로부터 이를 하 도급받은 것처럼 하도급계약서가 작성되었고, 피고소인이 분담한 부대공사에 관하여는, 피고소인이 전문건설업체가 아닌 관계로, ○○종합건설이 피고소인에 의해 지정된 조적, 미장, 방수, 창호공사 등의 전문건설업체에 하도급을 주는 것처럼 계약서가 작성되었습니다.

(7) ○○○○. ○○. ○○.경부터 고소인은 가 시설공사 및 기초토목공사에 들어갔으나, 굴착공사를 하던 중 공사현장에서 예상하지 못한 산업폐기물이 쏟아져 나오자, 고소인은 공사단가가 맞지 않는다는 이유로 토목공사에 관하여는 자신의 직영으로 시공하기를 포기하고, 이 부분 공사를 피고소인이 데려온 고소 외 구○서에게 공사대금 ○○○,○○○,○○○원에 다시 하도급 주었습니다.

또한, 고소인은 철근콘크리트 골조공사를 시행하던 중, 공사감리자인 고소 외 하○효로부터 오폐수 정화조가 설계도면과 달리 시공되었다는 지적을 받게 되었는데, 그 시공 상의 잘잘못을 가지고 고소인이 고용한 인부들과 피고소인 사이에 싸움이 벌어지자, 피고소인으로 하여금 고소인 분담의 공사부분에 관하여 직접 인부들을 데려와 일을 시킬 수 있도록 허용해 주었습니다. 그러한 과정에서 목수인건비, 철공인건비 등 원래 고소인이 부담해야 할 공사비 일부를 피고소인 자신이 직접 지불하게 되었습니다.

(8) 원래 고소인이 맡은 기초공사는 ○○○○. ○○. ○○.경 완성되었습니다. 그러나 고소인은 위 기초공사가 끝난 ○○○○. ○○. ○○.경에도 자신의 부담으로 레미콘 등 일부 건축자재를 공사현장에 투입한 사실이 있고, 같은 일시 경까지 ○○건설개발의 명목상 대표이사인 고소외 임○태를 공사현장에 상주시키며 작업일지 및 자재수불대장 등을 작성하게 하는 등 공사에 일부 관여해 왔습니다. 한편, 위 신축상가건

물은 ○○○○. ○○.경 준공검사까지 마쳤습니다.

(9) 피고소인은 ○○○○. ○○. ○○.경까지 총 ○○회에 걸쳐 건축주인 이○○으로부터 위 공사대금에다 추가로 투입된 공사대금을 합한 금 ○,○○○,○○○,○○○원을 수령하였습니다. 그 구체적인 내역은 ① ○○○○. ○○. ○○.경 계약금 명목으로 금 ○○,○○○,○○○원을 수령하였고, ②○○○○. ○○. ○○.경부터 ○○○○. ○○. ○○.경까지 사이에 수회에 걸쳐 중도금 명목으로 금 ○○○,○○○,○○○원을 수령하였으며, ③○○○○. ○○. ○○.경부터 ○○○○. ○○. ○○.경까지 사이에 잔금 명목으로 금 ○○○,○○○,○○○원을 가계수표, 현금 및 타인 발행 약속어음으로 수령하였고, ④나머지 공사잔금 ○○○,○○○,○○○원 상당액에 관하여는, ○○○○. ○○. ○○.경까지 약 ○회에 걸쳐 이○○으로 하여금 피고소인 발행의 약속어음에 배서한 후 거래은행에서 어음 할인을 받아 오게 하여 그 어음할인금을 교부받았다가 나중에 어음을 부도내어 이○○으로 하여금 그 어음금채무를 이행하게 하는 방식으로 대금관계를 정산하였습니다.

(10)피고소인은 계약금 및 중도금 명목으로 받은 돈으로는 고소인의 양해 하에 고소인을 대신하여 철재대금 ○○,○○○,○○○원, 토목 및 흙 운반비 금 ○○○,○○○,○○○원, 목수 인건비 금 ○○,○○○,○○○원, 철근작업 인건비 ○○,○○○,○○○원 등 합계금 ○○○,○○○,○○○원을 지불함으로써 거의 전부를 고소인이 맡은 기초공사의 비용으로 사용하였습니다. 그러나 잔금으로 받은 돈에 관하여는 고소인에 대해 그 일부(특히 이○○이 피고소인 발행 어음에 배서를 한 후 은행에서 할인받아 교부한 돈)의 수령 사실 자체를 숨기고 고소인과 사전 협의 없이 불상의 용도에 임의 지출한 것입니다.

(11)피고소인은 자신이 부담한 공사비만 금 ○,○○○,○○○,○○○원 가량이나 되어 오히려 건축주로부터 받은 공사대금보다 더 지출하였으므로 손해를 보았다고 주장하고 있습니다. 그러나, 위 금액 중에서 기록상 근거자료가 없거나 중복계산으로 보이는 일반관리비

금 ○○○,○○○,○○○원, 금융비 금 ○○,○○○,○○○원, 추가공사비 금 ○○,○○○,○○○원과 실제보다 과다하게 책정된 것으로 보이는 목재대금 ○○,○○○,○○○원, 목수 인건비 금 ○○,○○○,○○○원, 철근공 인건비 금 ○,○○○,○○○원, 도장공사금 ○,○○○,○○○원 등 합계금 ○○○,○○○,○○○원 가량을 제하면, 실제로 피고소인이 지출한 공사비는 금 ○○○,○○○,○○○원 가량으로 추산됩니다. 따라서 피고소인과 고소인이 실제로 부담하였을 것으로 추산되는 공사비는 모두 금 ○,○○○,○○○,○○○원(○○○,○○○,○○○원＋○○○,○○○,○○○원) 가량인바, 이는 피고소인이 건축주 이○○으로부터 공사대금으로 수령한 금 ○,○○○,○○○,○○○원의 범위 안에 듭니다.

(12) 피고소인은 자신이 고소인을 대신하여 기초공사비 일부를 지불한 것 외에는 피고소인 자신의 부도 등을 구실로 약 ○년이 지나도록 고소인에게 공사대금을 분배해 주지 않았습니다.

다. 고소인의 공사대금 보관자 지위의 인정 여부

(1) 사법경찰관은 고소인이 피고소인으로부터 하도급을 받았다고 하는 피고소인의 주장을 배척하였는바, 고소인은 토목공사 및 철근콘크리트공사에 관한 전문건설업면허가 있는 데 반하여 피고소인은 전문건설업면허가 없는 점, 고소인과 피고소인이 건축주 이○○과 공사도급계약을 체결함에 있어서 공동으로 ○○종합건설 주식회사의 명의를 빌려 사용한 점, ○○종합건설 주식회사에 지급하여야 할 면허대여료 및 산재보험료도 고소인과 피고소인 각자가 절반씩 분담하기로 한 점, 고소인과 피고소인이 공사를 분담 시공하고 공사대금을 대등하게 나누기로 약정한 점 등에 비추어 볼 때, 피고소인의 위 주장을 배척한 사법경찰관의 판단은 정당합니다.

그러나 사법경찰관은, 근본적으로 고소인과 피고소인의 관계를 동업관계로 볼 수 없다는 점과 공사 진행 과정에서 계약의 중요한 부분에 변경이 생겨 결국 이 사건 공사는 사실상 고소인은 배제된 채 피고소인이 단독으로 시공한 것으로 보인다는 점을 들어 피고소인에 대해 '타인의 재물의 보관자 지위'를 부정하였습니다. 하지만, 이는 아래에서 보는 바와 같은 이유로 그 정당성에 강한 의문이 듭니다.

(2) 먼저, 근본적으로 고소인과 피고소인의 관계를 동업관계로 볼 수 없다고 한 사법경찰관은 고소인과 피고소인 사이에 동업관계를 부정한 이유로서, ①조합에 귀속되는 합유재산이 없다는 점, ②조합채무에 대한 공동책임약정이 없다는 점, ③손익분배도 각자에게 별도로 귀속되는 점 등을 들고 있습니다.

그러나 ①조합은 그 목적을 달성하는 경제적 수단으로서 일정한 재산을 갖는 것이 보통이지만, 재산을 반드시 가져야 하는 것은 아니며 재산이 없는 조합도 있을 수 있습니다. 게다가, 조합에 대한 출자는 반드시 '금전 기타 재산'으로만 하여야 하는 것은 아니고, '노무'로도 할 수 있는바(민법 제703조 제2항), 특히 이 사건에서는 '각자 분담한 공사를 완성하는 행위' 그 자체가 출자에 해당하는 것이고 ②다음으로, "조합채무에 대한 공동책임약정"의 존재 역시 조합의 성립에 필수적인 요소가 아닙니다. 가령, 내부적으로는 조합관계에 있으나 외부적으로는 조합관계가 나타나지 않는 소위 "내적 조합"의 경우에는, 대외적으로 행위를 위임받은 사람만이 대외적인 책임을 부담합니다. 그러나 이 경우에도 내부적으로는 조합규정이 적용되므로, 대외적 책임자가 내적 조합원의 동의 없이 조합재산을 임의로 처분할 경우에는 횡령죄가 성립합니다(대법원 1993. 2. 23. 선고 92도387 판결, 공1993, 1111 참조). ③마지막으로, 손익분배는 조합원들 간의 합의로 자유로이 정할 수 있습니다(민법 제711조 제1항). 그러므로 이 사건에서 각자 분담한 공사부분에 관한 손익은 각자가 부담하기로 하였다고 하더라도, 이를 손익분배에 관한 특약으로 못 볼 바 아니므로 위의 사유들만 가지고는 동업관계를 부정할 만한 근거로서 충분하지 않습니다.

(3) 그리고 동업관계가 인정될 경우, 피고소인이 건축주로부터 수령한 공사대금은 고소인과 피고소인의 합유 재산에 속하기 때문에, 근본

적으로 피고소인은 고소인의 공사대금을 보관하는 자의 지위에 있는 것입니다.

라. 불법영득의사의 인정 여부

(1) 사법경찰관은 "가사 고소인이 공사시공자로서의 지위를 유지한다고 하더라도, 피고소인이 당초 고소인이 맡은 공사까지 마무리한 점, 공사 진행 중 공사대금 선불 명목으로 고소인도 피고소인으로부터 그의 약속어음을 융통한 점 등에 비추어 볼 때 불법영득의사가 인정되지 않는다"고 판단하고 있습니다.

횡령죄에 있어서의 불법영득의사는 타인의 재물을 보관하는 자가 그 취지에 반하여 정당한 권원 없이 스스로 소유권자와 같이 이를 처분하는 의사를 말하고 타인의 재물을 보관하는 자가 비록 그 반환을 거부하였다고 하더라도 그 반환거부에 정당한 사유가 있어 이를 반환하지 아니하였다면 불법영득의사가 있다고 할 수가 없다(대법원 1998. 7. 10. 선고 98도126 판결, 공1998, 2174 등 참조). 따라서, 위와 같은 사법경찰관의 판단이 타당한지 여부는 이 사건에서 피고소인이 고소인에 대해 공사대금의 반환을 거부할 만한 정당한 사유가 존재하는가에 달려 있습니다.

(2) 그런데, 피고소인은, 원래 고소인이 분담해야 할 공사까지 자신이 마무리하였다는 사정에도 불구하고, 스스로 고소인에게 정산해야 할 공사대금이 있음을 시인하고 있습니다. 그러므로 위 사정은 반환거부의 정당한 사유로 보기 어렵습니다.

(3) 그리고, 이 사건 공사 도중 피고소인이 고소인에게 차용금 명목으로 피고소인 발행의 약속어음 ○장 합계금 ○○○,○○○,○○○원 상당을 융통해 준 사실은 인정되지만, 그 후 ○○○○. ○○. ○○.경 피고소인이 위 어음 모두를 부도내는 바람에 결국 고소인이 그 어음금을 물어주고 부도어음 대부분(회수한 어음 총 4장 합계금 ○○,○○○,○○○원, 미회수한 어음 총 2장 합계금 ○○,○○○,○○○원)을

회수하였습니다. 그렇다면 피고소인이 위 약속어음을 고소인에게 빌려 주었다는 사정도 공사대금 반환을 거부할 정당한 사유가 된다고 보기 어렵습니다.

(4) 오히려, 피고소인이 경찰에서는 자신이 지급한 공사비가 금 ○,○○○,○○○,○○○원이라고 하였다가, 2회 조사에서 금 ○,○○○,○○○,○○○원을 지출하였다며 갈수록 자신이 지출한 공사비 내역을 더 부풀리고 있는 점, 피고소인 자신도 이 사건 공사로 금 ○○○,○○○,○○○원 정도의 손해를 보았으니 고소인도 미지급 공사대금을 포기할 것을 종용한 바 있다는 취지의 진술, 피고소인이 고소인에게 차용금 명목으로 융통해 준 피고소인 발행의 약속어음을 부도처리하여 결국 그 어음금채무를 고소인이 부담하게 하였음에도 불구하고 위 약속어음의 융통사실을 내세워 고소인에 대한 미지급 공사대금의 반환을 거부하고 있는 점 등에 비추어 보면, 불법영득의사가 추인될 여지도 다분히 있습니다.

그럼에도 불구하고 사법경찰관의 이 사건 불 송치 결정은 수사미진 또는 법리오해의 흠이 있습니다.

4. 결론

그렇다면 사법경찰관 ○○○의 이 사건 불 송치 결정은 수사미진과 법리오해의 흠이 있으므로 다시 재수사를 하게 하여 기소 여부를 결정하여야 한다고 보고 이에 이의신청을 제기하기에 이른 것입니다.

4. 이의신청 결과통지서 수령방법

종류	서면 / 전화 / 팩스 / 전자우편 / 문자메시지

5. 소명자료 및 첨부서류

(1) 수사결과 통지서(고소인 등 불 송치)　　　　　　　　　　　　1통

○○○○ 년 ○○ 월 ○○ 일

위 신청인 : ○ ○ ○　　　(인)

전남 목포경찰서장 귀중

불 송치 결정 이의신청서

사 건 번 호 : ○○○○년 형제○○○○호 1.사기죄 2.업무상횡령죄

신 청 인 : ○ ○ ○

전주시 덕진경찰서장 귀중

불 송치 결정 이의신청서

1. 신청인

성 명	○ ○ ○	주민등록번호	생략
주 소	전주시 덕진구 ○○로 ○○길 ○○, ○○○호		
직 업	개인사업	사무실 주 소	생략
전 화	(휴대폰) 010 - 4456 - 0000		
기타사항	이 사건 고소인 겸 이의신청 신청인입니다.		

2. 경찰 결정 내용

사건번호	○○○○년 형제○○○○호
죄 명	1.사기죄 2.업무상횡령죄
결정내용	혐의 없음(증거불충분) 불 송치 결정

3. 이의신청 이유

신청인(이하'고소인'이라고 줄여 쓰겠습니다)은 피고소인 ○○○(이하'피의자'라고 하겠습니다)을 ○○○○. ○○. ○○. 전주시 덕진경찰서 ○○○○년 형제○○○○호 1.사기죄 2.업무상횡령죄로 고소한 사건에 관하여 전주시 덕진경찰서 사법경찰관 경위 ○○○은 ○○○○. ○○. ○○. 피의자에게 혐의 없음(증거불충분)의 이유로 불 송치 결정을 하였는바, 이는 부당하므로 아래와 같이 이의신청을 제기합니다.

- 아 래 -

1. 사건의 개요

  가. 고소인은 피의자를 ○○○○. ○○. ○○. 1.사기죄 2.업무상횡령죄로 아래 피의사실의 요지와 같은 내용으로 고소하였으나 사법경찰관은 ○○○○. ○○. ○○. 범죄 혐의 없음을 이유로 불 송치 결정을 하였습니다.

  나. 피의사실의 요지

  ○ 피의자는

   (1) ○○○○. ○○. ○○. 전주시 ○○구 ○○로 ○○, 소재 피의자경영의 주식회사 ○○ 사무실에서 실은 고소인과 골재채취사업을 동업할 의사나 능력이 없으면서도 고소인에게 고소인소유의 전주시 ○○구 ○○로 ○○, 소재 임야 등 ○필지 부동산 총 ○,○○○.○○㎡의 지분 ○○%를 대금 ○○○,○○○,○○○원에 매도하면 고소인에게 금 ○○○,○○○,○○○원을 지급하고 나머지 대금 ○○○,○○○,○○○원과 자신이 투자하는 금 ○○○,○○○,○○○원으로 골재채취업을 운영하여 이익금의 ○○%를 고소인에게 지급하겠다고 거짓말하면서 사업의 편의상 위 부동산전체에 대한 소유권이전등기를 경료 하여 줄 것을 요구하여 이에 속은 고소인으로부터 ○○○○. ○○. ○○. 전주지방법원 등기과에서 피의자명의로 소유권이전등기를 경료 받아 이를 편취하고,

   (2) 위 골재채취사업의 공동운영자로서 채취한 골재 및 수금한 골재판매대금을 업무상보관함을 기화로

    (가) ○○○○. ○○. ○○. 위 골재판매이익금 ○○○,○○○,○○○원 중 고소인에게 분배할 이익금 ○○,○○○,○○○원을 임의 소비하여 이를 횡령하고,

    (나) ○○○○. ○○. ○○. 골재를 채취하여 적재하여 둔 석분 등

골재시가 금 ○○○,○○○,○○○원을 임의 처분하여 횡령하고,

(다) ○○○○. ○○. ○○. 동업과 관련 없어 피의자 개인적으로 지급해야 할 고소 외 ○○○에 대한 판공비, 부동산소유권이전청구소송비용, 고소인과 고소 외 이○○와의 손해배상청구소송비용, 장비할부금, 고소 외 김○○에 대한 보상금, 포크레인기사 임금 등 금 ○○,○○○,○○○원을 동업자금에서 임의지출하고, 포크레인사용료 금 ○○,○○○,○○○원을 입금하지 아니하여 합계금 ○○,○○○,○○○원을 횡령한 것입니다.

2. 이의신청 이유

가. 업무상횡령의 점에 대하여,

(1) 피의사실 나.의 범죄사실에 대한 고소인의 고소 여부

○ 고소인은 피의자가 ○○○○년도에 생산한 골재시가 금 ○○○,○○○,○○○원 상당을 고소인 몰래 임의로 처분하였다고 고소하였음에도 사법경찰관 경위 ○○○은 이 점에 대하여 충분한 수사도 아예 아니하였고 판단도 하지 않고 불 송치 결정을 하였습니다.

○ 고소인이 처음 제출한 고소장에는 위 고소사실이 기재되어 있지 아니하나, 수사가 진행되던 중 고소인이 선임한 회계사가 장부를 검토한 후 ○○○○년말 현재의 재고골재가 회계장부상 계상되어 있지 않다고 지적하자 사법경찰관에게 피의자가 ○○○,○○○,○○○원 상당의 골재를 임의 처분하였다고 주장하면서 이 점에 대한 수사를 요청하였고, 뒤이어 작성된 고소인 3회 진술조서에서도 이 사실을 명백히 고소사실에 포함시키고 있으므로 사법경찰관이 이점에 대한 수사 및 판단을 누락하였습니다.

○ 그렇다면 위 고소사실에 대하여도 고소인은 고소하였다고 봄이 상당하다고 할 것입니다.

(2) 이 부분 사법경찰관의 수사미진 여부

　○ ○○○○. ○○. ○○.현재 판매되지 아니하고 남아있는 재고골재가 회계장부상으로는 없는 것으로 기재되어 있지만, 골재채취현장의 ○○반장으로 근무하였던 참고인 강○○은 ○○○○. ○○.말 본사 ○○○부장으로 부터 재고조사를 지시받고 조사한 결과 석분 ○○, ○○○루베, ○○미리골재 ○,○○루베, ○○미리골재 ○,○○○루베, ○○미리골재 ○,○○○루베가 야적되어 있었다고 진술하고 있고, 이에 대하여 피의자는 ○○○○. ○○.말경에는 판매가 원활하여 재고가 쌓일 여지가 없었다고 변명하며, 참고인 정○○는 ○○○○. ○○. ○○.회계사 및 ○○직원인 손○○과 함께 재고파악을 하였으나 재고가 소량이어서 없는 것으로 처리하였다고 진술하고 있어 서로 상반되고 있음을 알 수 있습니다.

　○ 이러한 경우 사법경찰관으로서는 위 강○○을 상대로 위와 같이 재고가 많이 있었던 것이 사실인지를 재확인하고, 위 ○○부장, 손○○, 회계사들을 조사함과 아울러 필요하면 이들을 대질신문하거나 골재생산일보, 판매장부등과도 대조하여 ○○○○. ○○. ○○.현재의 골재재고의 유무 및 그 수량을 확인하고 그것이 없어진 경위 등에 대하여 조사함으로써 이 부분 고소인의 고소사실에 관하여도 수사해서 그 불 송치 결정의 여부를 결정했어야 함에도 불구하고, 사법경찰관은 이러한 조사에 이르지 아니하고 만연히 위에 적시한 조사만 하여 두는 정도로 그쳤을 뿐만 아니라 고소인의 이 부분 고소에 대하여는 판단마저 하지 아니하고 있으므로 이 점에서 사법경찰관의 이 사건 불 송치 결정에는 수사미진과 판단유탈의 허물이 있다 할 것입니다.

나. 사기의 점에 대하여,

　(1) 사법경찰관이 피의자의 사기의 부분에 관하여 현저히 정의와 형평에 반하는 수사를 하였거나 법률의 적용 또는 증거판단에 있어서 불 송

치 결정에 영향을 미친 중대한 잘못이 있었다고 보여지지 않습니다.

(2) 고소인으로서는 피의자의 사기죄 부분에 대해서는 이의신청을 하지 않겠습니다.

3. 결론

그렇다면 사법경찰관 ○○○의 이 사건 불 송치 결정 중 업무상횡령죄의 점에 대한 불 송치 결정은 수사미진과 판단유탈 등의 행사로서 재수사를 하게 하여 기소 여부를 결정하여야 한다고 보고 이에 이의신청을 제기하기에 이른 것입니다.

4.이의신청 결과통지서 수령방법

종류	서면 / 전화 / 팩스 / 전자우편 / 문자메시지

5.소명자료 및 첨부서류

(1) 수사결과 통지서(고소인 등 불 송치)   1통

○○○○ 년 ○○ 월 ○○ 일

위 신청인 : ○ ○ ○   (인)

전주시 덕진경찰서장 귀중

▣ 편 저 대한법률콘텐츠연구회 ▣

(연구회 발행도서)

· 공소장의견서 정식재판청구서 작성방법과 실제
· 민사소송 답변서 작성방법
· (사례별) 재정신청 항고장 · 항고이유서
· 지급명령 이의신청서 답변서 작성방법
· 지급명령 신청방법
· 새로운 고소장 작성방법 고소하는 방법
· 민사소송 준비서면 작성방법
· 형사사건 탄원서 작성 방법
· 형사사건 양형자료 반성문 작성방법

고소사건 불 송치 결정 이의신청 재수사 요청 실무지침서

불 송치 결정 이의신청서 재수사 요청

2023년 11월 25일 인쇄
2023년 11월 30일 발행

편 저 대한법률콘텐츠연구회
발행인 김현호
발행처 법문북스
공급처 법률미디어

주소 서울 구로구 경인로 54길4(구로동 636-62)
전화 02)2636-2911~2, 팩스 02)2636-3012
홈페이지 www.lawb.co.kr

등록일자 1979년 8월 27일
등록번호 제5-22호

ISBN 979-11-93350-09-6 (13360)

정가 28,000원

이 도서의 국립중앙도서관 출판예정도서목록(CIP)은 서지정보유통지원시스템 홈페이지(http://seoji.nl.go.kr)와 국가
자료종합목록 구축시스템(http://kolis-net.nl.go.kr)에서 이용하실 수 있습니다.